新保恵志
Keishi Shinbo

金融サービスの未来

——社会的責任を問う

岩波新書
1904

はじめに

金融サービスという言葉から、皆さんはどのようなイメージを持たれるでしょうか。簡単な表現を用いると、金融機関が提供するサービスということになります。しかし、それでは、なんとなく曖昧模糊とした印象が拭えません。

「新語時事用語辞典」によれば、金融サービスとは「銀行の融資、消費者金融の融資、証券会社などを通じた株式や為替、債券などの売買、保険、などの金融関係のサービスや商品のことを幅広く指す用語」と記されています。

金融サービスとは、上記のように金融機関が提供するサービス全般のことを指しますが、本書では銀行や信用金庫などの預金・貸出業務を行う金融機関が提供するサービスに焦点を当てていきたいと思います。このように金融機関の範囲を限定しても、その意味する範囲は極めて広いものと思われます。預金金利や個人・企業向けの融資に関する様々な条件——貸出金利や貸出期間・返済条件など——、さらには金融商品の販売、内国為替(日本国内への送金業務)や外国為替（海外への送金業務）なども金融サービスに含まれてきます。

金融サービスについて、一般の方々はあまり意識をすることはないと思います。例えば、個人が銀行へ住宅ローンの申込に行ったときに、借入期間やローン金利、返済条件（元利均等返済）などについて話し合うことがあると思います。ローン金利は変動金利か固定金利かなどについて個人が選択できますが、大部分の人は銀行の提示する条件を鵜呑みにする傾向があるのではないでしょうか。

住宅ローンに関しては、期限前繰上げ返済を行う人もいると思います。繰上げ返済には一部繰上げ返済や全額返済などがありますが、銀行に言われるまま、繰上げ返済に伴う手数料を支払った人が多いと思います。しかし、素朴な疑問が浮かび上がります。住宅ローンを借り入れている人は債務者になりますが、全額にせよ一部にせよ、債務者が債務を繰上げ返済するためになぜ銀行に手数料を支払う必要があるのでしょうか。予め決められた返済方法に背いたために、手数料を支払う必要があったのでしょうか。この点について、銀行から明確な理由を説明された方はいるでしょうか。手数料の存在理由はよく分からないのです。

住宅ローンの期限前繰上げ返済に関する手数料は、目に見える手数料です。しかし、手数料の中には目に見えない、あるいはほとんど意識しない手数料もあるのです。

銀行や信用金庫などの金融機関は窓口で投資信託や保険商品を販売しています。例えば保険商品を銀行の窓口で購入した場合、保険商品購入として支払った金額はすべて保険料に充当されているでしょうか。窓口で購入した投資信託は、購入金額がすべて運用資金に回されているでしょうか。実は、購入金額の一部は手数料という形で差し引かれています。ご存じですか。

利用者から金融機関に支払われる手数料は金融サービスの対価であると考えられます。従って、手数料は利用者が納得した形で支払うべきものでしょう。しかし、利用者が手数料として認識していない状態で、手数料を支払っていたならば問題はないのでしょうか。あるいは、そのような手数料については、手数料を受け取る金融機関側から説明があってしかるべきでしょう。また、利用者は手数料を支払う根拠や理由を理解して支払っているでしょうか。

金融サービスは、企業に対しても様々な形で提供されます。例えば、銀行から企業への融資（与信）にまつわる金融サービスについて考えてみましょう。

一般的に中小企業が銀行から融資を受ける場合、金融機関に対して様々な資料を提出します。貸借対照表（バランスシート）や損益計算書のみならず、事業計画書や資金繰りなどの資料を、最低でも過去3年分は金融機関に提出します。銀行はそれらの資料を精査した上で、融資の判断を行います。資料の提供を受けてから、実際に融資の判断を行うまで3週間から1か月程度の時間を要します。仮に、融資の決定がなされていても、担保の設定や債務保証人を請求されるなどの条件がつけられることもあります。信用保証協会の保証が必要という付帯条件がつけられると、信用保証協会に支払う保証料は融資を受ける中小企業が支払うことになるのです。

信用保証協会の保証を設定すると、銀行の貸出債権保全上は特に何の問題もありません。仮に企業が債務不履行に陥って銀行貸出が不良債権化しても、信用保証協会の保証により銀行の債権が保全されるからです。しかし、企業の信用力(返済能力)を情報として構築しなければならない銀行が、信用保証協会の保証により債権保全に何らの不安も抱く必要がないとなると、大きな問題が発生します。それは、企業の信用力や返済能力を判断する情報蓄積力が低下することです。端的に言えば、「企業を見る目」が培われなくなるのです。

銀行は情報蓄積産業と言えます。企業に関する信用情報が蓄積されなくなると、金融サービス上大きな問題が発生します。例えば、本来であれば融資を行うべき企業に資金が行き渡らなくなる危険性が高まること、さらに、それによって地方の中小企業の育成が阻害され、地方が疲弊していくことです。これは、融資というもっとも基本的な金融サービスが劣化していく危険性が高まることを意味します。融資に消極的になったり、融資の決定に、より多くの時間を要したりするようになるでしょう。

企業側から見ると、融資の手続きはなるべく迅速に行ってほしい、という希望があるはずです。これら融資にまつわる一連の流れや、必要とされる時間を企業はどのように捉えていたでしょうか。融資を受けるためには必要不可欠な時間と考えていたのでしょうか。それとも、なぜ、こんなに長い時間がかかるのであろうか、と考えていたのでしょうか。あるいは、融資判断にかかる時間をより短くできるのではないかと考えていたかもしれません。

中小企業は融資を受けるに当たってかなりの負担を負っています。そこで、融資の手続きに関する企業への資料作成などの負担を軽減すること、すなわち手続きの簡素化を図ることも、金融サービスの一環と考えられます。

銀行が企業に対して融資を実施して以降も、様々な金融サービスが存在します。むしろ、企業にとっては融資実施後の方が、必要とする金融サービスが多種多様に存在するかもしれません。具体的には以下のような問題です。

① 経営上の問題——生産の効率化やコストの削減など

② 人件費や材料購入費の調達など、短期資金の調達問題

③　商品戦略や生産技術上必要なパートナーや提携企業を見つけること
④　中小企業の後継者問題

銀行は上記のような問題点に、金融機関として果たすべき役割を果たし切れていると言えるでしょうか。筆者が見る限り、銀行の情報判断力の低下に伴い、企業に対する経営上のアドバイスなどのアプローチが適切には機能していないように見受けられます。企業経営の面でも、銀行の金融サービスが機能していないように思われます。

例えば、取引先の中小企業に生産技術上の問題が発生した場合、現状の銀行では適切な助言を行えない危険性が高いと思います。しかし、助言を行えないと、企業の経営改善は歩みを止めてしまい、前進することができません。では、このようなときに本来銀行はいかなる行動を起こすべきでしょうか。例えば、技術的に解決してくれる企業が存在するのか、自らの取引先に問題解決可能な企業がなければ、どのような方法を採るべきか等を考え、実行する必要があります。単に融資を行うだけが銀行ではなく、企業の経営上の問題点を解決すべくサポートするのも銀行のなすべき金融サービスと考えます。

銀行はかつて１９９０年代初頭のバブル崩壊時や２００８年のリーマンショック時には貸し渋りや貸し剝がしなどで厳しく非難されたことがありました。一方、20年初頭から蔓延する新型コロナウイルスの影響により、多くの中小零細企業が経営困難に陥り、金融機関と政府の支援によって救済的な融資が実行されています。この事実を見ると、企業への融資面にさしたる問題点は見当たらないようにも見えます。しかし、本当にそうでしょうか。特に、金融サービスという観点から、銀行は果たすべき金融サービスを提供していると言えるでしょうか。

金融機関の提供する金融サービスは融資だけではありません。金融商品の販売も金融サービスに該当します。歴史を振り返ってみましょう。

1990年代半ばに、日本の金融を自由化によって強化しようという動きが出てきました。いわゆる日本版ビッグバンです。スローガンは、フリー、フェア、グローバル。日本の金融に関する規制を緩和、自由化を推進し(フリー)、公正な取引を行い(フェア)、日本の銀行も地球規模での金融活動を広げていこう(グローバル)というものです。

銀行にとって、この日本版ビッグバンは〝渡りに船〟だったのではないでしょうか。ビッグバンの中の〝フリー〟を巧みに利用したのです。日本版ビッグバンで、銀行は1998年以降窓口での投資信託や保険商品の販売が認められ、これにより金融商品販売に伴う手数料収入への道が開かれました。銀行はこれまでも時間外の預金の引き出しに伴う手数料や送金手数料、外貨の交換に伴う為替手数料などの手数料収入がありましたが、いずれも一つの取引に対する手数料としてみた場合、わずかな金額でした。しかし、投資信託や保険の手数料の場合、契約金額が比較的大きいために、一取引当たりでみると、送金などの場合に比べれば、多額の手数料が入ってくるのです。銀行は、手数料収入の増加によって収益性を高め、バブル崩壊後の不良債権処理をなるべく早期に終わらせようとしたのです。

２０００年以降、銀行の窓口における投資信託や保険の販売高が増えていきます。しかし、それとともに金融商品販売に伴う顧客からの苦情も増えていきます。銀行の説明不足や意図的な説明回避によって、顧客(契約者)が意図せざる契約を行うケースが増えていきます。

２００８年９月、リーマンショックが発生、世界経済は一挙に冷え込み、銀行は以前にもまして利益の低迷に直面します。銀行は投資信託や保険商品の販売により一層注力しました。もっとも代表的な保険商品が外貨建て一時払い保険でした。この商品は販売手数料に加えて、為替手数料も銀行の懐に入ってくるのです。しかし、この商品も、販売後クーリング・オフを行ったにもかかわらず支払った元本が戻ってこない、などの苦情が寄せられるようになるのです。この苦情の背後に、銀行の説明不足や説明回避があることが指摘されています。金融庁も保険商品の販売に当たっては商品内容や手数料などのコストの開示・説明をするように、再三要請していたのですが、銀行も保険会社も消極的な対応に終始しました。手数料を秘密にしておきたい理由とは何でしょうか。コストに関する開示・説明は当然のことです。不思議な業界だと言わざるを得ません。

2016年2月にマイナス金利が導入されました。これは、市中銀行が日本銀行に預け入れる預金（日銀預金）の一定部分に対してマイナス金利を適用するというものです。日銀としては金利の低下によって景気を浮揚させようという思惑だったのでしょうが、銀行にとっては貸出金利の低下は利ザヤや利益の低下につながります。特に地方銀行などは人口減少で、ただでさえ経済の低迷が続いていたため、マイナス金利の銀行収益への打撃は極めて大きなものでした。

そこで地方銀行が採用した戦略が銀行の合併・統合です。この戦略は金融庁も支持しています。規模を大きくして組織の効率的な運用を図り、それぞれの銀行の長所を生かして魅力的な銀行を作り上げ、魅力的な金融サービスを提供し、地域を活性化させようというものです。しかし、果たして本当に銀行の合併や統合が地域を活性化させるでしょうか。この点も深く考えてみる必要があります。

銀行が従来と同じように、融資や金融商品の販売で生き抜いていこうとするなら、それは極めて難しいことだと思います。なぜなら、銀行を取り巻く環境、あるいは金融を取り巻く環境自体が大きく変化しているからです。環境の最大の変化は融資や決済などに関する他業態からの参入であり、もう一つはビッグデータやＡＩなどを用いた「フィンテック」の潮流です。

今、金融の世界ではフィンテックの技術を用いて、様々な金融サービスが銀行以外の他業態から提供されています。決済や資産運用のみならず、融資すら他業態からの攻勢にさらされています。このような流れの中で、果たして、銀行が利用者に対して比較優位性のある魅力的な金融サービスを提供することは可能なのでしょうか。

経済社会全体にとって金融は重要な分野ですが、フィンテックの動向を概観すると、金融を支える主体が銀行や信用金庫など金融機関とは限らない、とも言えるかもしれません。そして、そのような時代が迫りつつあるのかもしれません。

本書では、過去から現在、そして未来にかかる金融サービスについて、個人と企業、さらには社会全体の視点から「金融サービスの質」に焦点を当て、考察を行います。

目　次

目次

序章

金融サービスと社会的責任

1　企業の社会的責任

金融とは資金の融通を意味する言葉であり、金融機関は実物経済の動きをマネーで円滑化する役割を担っている。特に日本では、銀行を経由した間接金融が主流であった時代が長く、銀行の行動は経済の盛衰にとって大きなカギを握ると言っても過言ではなかった。マネーの円滑な流れを支えることは金融機関の社会的責務であるといえる。

企業の社会的責任が、今、声高に叫ばれている。SDGs（持続可能な開発目標）やESG（環境、社会、ガバナンス）などの言葉を耳にされる方も多いのではないだろうか。単純に考えれば、企業は社会に対してモノやサービスを販売し、それによって売上や利益を計上している。企業はまさに社会によって支えられている。従って、社会に対して自らの行動に責任を持つ必要がある。これが、企業に社会的責任が存在することの根拠になる。

企業の社会的責任は、企業がどのようなモノやサービスを販売しているかによって異なってくる場合がある。例えば、自動車メーカーは地球温暖化や環境問題などの視点から、排ガスや二酸化炭素を大量にまき散らす車を作っていては、社会から否定される。もちろん、そのような車が現代では売れるはずもない。また、自社生産の車に何らかの不具合がある場合には、リコールを届け出て車を無償で修理することになる。自動車メーカーは生産する車に対して全面的に社会的責任を負う。

ガス給湯器メーカーが燃焼の過程で一酸化炭素を発生させている場合、消費者が一酸化炭素中毒になる危険性があるため、急いで回収を図る。これもまた、メーカーの社会的責任に帰する問題だ。

企業は自社の製品やサービスに欠陥や過失がある場合のみならず、これからの社会に対して自社の製品やサービスに責任を持つということが求められている。その根底には、自社の利益よりも消費者利益や社会的利益を優先しなければならないという考え方がある。いかなる企業も社会に対してモノやサービスを販売することにより社会全体から利益を享受しているため、ある意味では当然と言える。

では、金融機関の社会的責任とはいかなるものと考えられるか。

2　銀行の社会的責任

銀行は信用で成り立っている。高い信用力があれば、その銀行に預金は集まり、銀行は企業に関する多面的な情報収集能力を駆使して、貸出を行うことができる。さらに、その貸出によって企業が業容を拡大し、成長することができたのであれば、銀行に対する信用度はより高まることになる。銀行にとって信用とは自らを支える礎である。しかも、信用の礎は自分で作り上げる必要がある。重要な点は、銀行の信用は政府の信用や規制によって与えられるものではないということだ。銀行は自らの行動によって信用を築き、高める必要がある。

しかし、過去から現在に至るまで、果たして銀行は自らの信用を高めるための行動をとってきたであろうか。あるいは、自らの信用を高めるのは自らの行いであるという意識があったであろうか。ここが一つの論点になる。

銀行には固有業務の他にも様々な「その他の業務」がある。その中には投資信託や保険商品などの金融商品の販売が含まれる。「その他の業務」も含めたすべての業務が、銀行の信用に関連していると言って差し支えない。

では、金融商品の提供に関する銀行の責任とは何だろうか。実は、この点が銀行の社会や消費者に対する責任と密接に関わってくる。歴史的には、投資信託や保険など、多種多様な金融商品の窓口販売は、１９９８年に日本版ビッグバンの一環として認められたものである。これは、銀行自体が切望してきたものでもある。なぜ、切望したのか。

銀行は自らバブル発生の一因となりながら、バブル崩壊によって不良債権の山を築き、利益は大きく減少、不良債権の処理などの要因により赤字決算を発表する始末であった。一般的に、企業は赤字に陥った場合、何とかして赤字から脱却しようと様々なことを試みる。どのように収益を増やすか、どのようにコストを下げるか、あるいは売れるための新商品の開発や生き残りのための経営戦略などを真剣に考える。１９９０年代半ば、企業はまさに生き残るために必死でもがいていた。では、銀行はどうであったか。

１９９６年、橋本龍太郎内閣の下で日本版ビッグバンが政策として登場する。銀行は日本版ビッグバンの三つのスローガン、フリー、フェア、グローバルのうち、特に〝フリー〟に飛びついた。金融自由化の名の下、投資信託や保険商品の窓口販売に伴う手数料収入という収益源を得たのだ。

しかし、金融商品の販売に伴う手数料収入の増加という収益源を得たからと言って、銀行の収益を上げるためには何をしても構わないということにはならないはずだ。金融商品の販売についても、銀行が果たすべき責務というものが存在するはずだ。責務とは金融商品に関する説明義務である。

銀行はあらゆる企業の中で、他人の財産を知ることのできる数少ない立場にある。だからこそ社会規範、つまり、金融モラルが求められる。消費者の利益を重視することで、自らの利益を図る必要がある。また、銀行がよく口にする言葉に顧客本位主義、あるいはお客様第一主義がある。果たして、本当に「顧客本位主義」を貫いていると言えるであろうか。

〝お客様のために〟存在すべき金融機関。お客様とは、金融機関の預金者や資金を借りる個人や企業、ひいては社会全体だ。金融機関は社会の公器である。しかし、社会の公器たる金融機関が、個人や企業、さらには社会全体に対して大きな衝撃を与えた事件は、21世紀に入ってからも継続して発生している。過去の事件の詳細を今一度振り返り、金融サービスの視点から問題点を探ってみる。

第1章

金融不祥事を振り返る

金融機関には、一般的に「お堅い」「堅実」などのイメージがある。しかし、現実にはそのイメージを覆すような様々な事件が過去から現在にわたり起こっている。これから述べる三つの事件は金融サービスに関する極めて大きな問題点を提示している。

金融機関には多種多様な利害関係者が存在する。預金者、取引先企業、社会全体などである。これから述べる事件を振り返り、鳥瞰することで、金融サービスの原点とは何かを考察していくことにする。

1 スルガ銀行事件

2016年2月に日本銀行がマイナス金利の導入を実施して以降、銀行の収益の低迷が明らかになった。特に、地方銀行においてはその傾向が顕著であった。金融庁は、地方銀行に対して独自のビジネスモデルの構築、並びに収益の再構築を強く求めた。その際、同庁がそのビジネスモデルを大きく称えたのがスルガ銀行だった。大多数の地方銀行が軒並み収益を大きく低下、あるいは赤字化させる中でスルガ銀行のみが高い収益率を示していたからだ。しかし、同銀行が高い収益率を誇ったビジネスモデルは18年1月に破綻していることが表面化した。

スルガ銀行はなぜ高い収益率を上げることができたのか。そして、なぜ破綻したのか。その背後には銀行、不動産業者、そして不動産のオーナーなどの様々な思惑が絡んでいた。事件の詳細を見ていく。

サブリース方式

不動産会社が不動産――例えばアパートやビルなど――の所有者（オーナー）から一括で部屋を借り上げ、入居者を募集して又貸しを行い、毎月の家賃を保証するシステムを「サブリース」という。この方式は、不動産のオーナーが自ら借主を探す必要はなく、賃貸物件の運営や管理などは不動産会社が行う仕組みだ。

２０１５年に、この仕組みを用いて「かぼちゃの馬車」という名前で女性向けのシェアハウスを展開したのが、スマートデイズという不動産会社だった。「30年間の家賃保証」を謳い文句にした「かぼちゃの馬車」は８％以上の年利回りを保証していた。

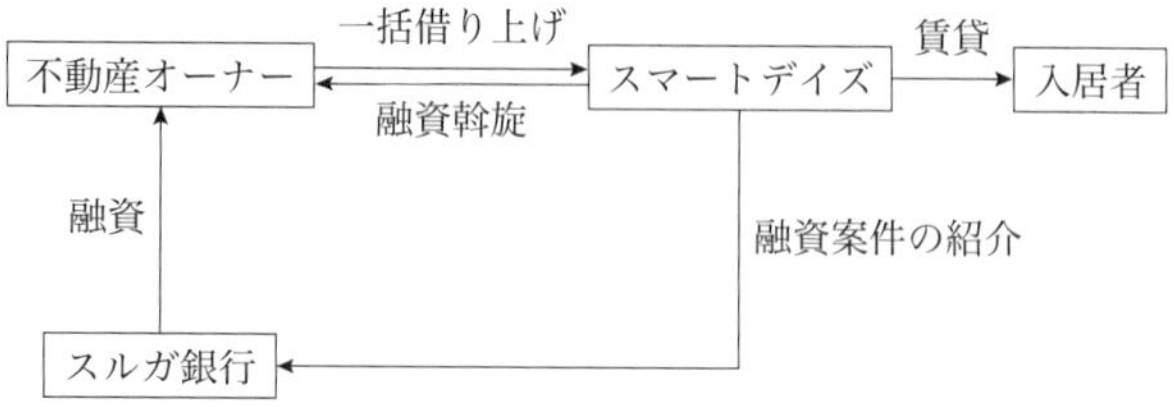

（筆者作成）

図表1-1 「かぼちゃの馬車」の仕組み

この仕組みは当初は順調に機能していたようだが、２０１７年頃から次第に陰りが見え始めた。徐々に入居率が低下する物件が増加し、11月にはサブリース賃料（オーナーにとっては収入）の減額が行われ、18年1月、ついに賃料の支払いが停止するに至り、問題が表面化した。ちなみに、スマートデイズは最大で８００棟近くのシェアハウスを管理・運営していた模様だ。

スルガ銀行はこの事件にどのように関係していたのか。実は、この「かぼちゃの馬車」の賃貸物件のオーナーの多数が、スルガ銀行から融資を受けて不動産物件を購入していた。さらに、スマートデイズは不動産のオーナー（あるいはオーナーになる予定の個人）に対してスルガ銀行からの融資を斡旋していたのだ。この仕組みを解説したのが、図表1-1である。

さらに問題となった点は、スルガ銀行が行った、借入希望者である不動産オーナーに関するデータの改竄である。銀行は、借入を行う際に借入者の収入や預金残高など様々な視点から審査を行う。返済能力の確認を行った上で、返済が確実に行われるかどうか、精査するためである。当然、所得の水準によって借入限度額は異なることになる。例えば、年間所得が500万円であれば、所得の20倍である1億円の借入を行うことはできない。

スルガ銀行は、借入希望者の源泉徴収票や預金残高等を改竄、すなわち所得や金融資産が実態よりも多くあるかのように改竄を行い、借入希望者に十分な返済能力があるかのようにみせかけ、契約書を偽造することによって融資を実行した。さらに、その過程でオーナーが不動産を実勢価格より高い価格で買わされたケースなども散見されている。融資は正確なデータに基づいて実行されなければならないが、そのような融資業務の基本すら実行されていなかった。

結局、多額の債務（借入金）を抱えた不動産オーナーは借入金を返済することができず、その重圧に苦しんだ。「かぼちゃの馬車」は2018年1月に上述した問題の表面化により終焉を迎えた。

「かぼちゃの馬車」事件の本質的問題

「かぼちゃの馬車」事件の表面化直後、2018年2月には不動産のオーナー257名から委任を受けた被害弁護団が結成され、銀行との間で解決策が検討された。

２０２０年3月25日、被害弁護団とスルガ銀行との間で本件問題に対する解決策の合意が形成された。その内容は、不動産オーナーが不動産購入の際に行った借入と不動産を相殺するという方式だった。

具体的には、スルガ銀行が保有するシェアハウスのオーナー向け貸出債権を投資ファンドなどの第三者に売却し、シェアハウスのオーナーは自らが保有する不動産（シェアハウス）の土地と建物を第三者に譲渡する（物納する）ことで借入債務を帳消しにするという内容だ。これにより、シェアハウスのオーナーは完全に債務の重圧から逃れることができたのである。

例えば、シェアハウスオーナーのスルガ銀行からの借入金が1億円で、投資ファンドがオーナーから譲渡してもらう不動産物件の価値が７０００万円の場合、３０００万円をスルガ銀行が負担（損失として処理）するという形で債務の帳消しが行われることになる。本件においては、オーナーがかなりの高値で不動産をつかまされた形跡が残っており、結果的には、高値でつかまされたことに伴うオーナーの損失をスルガ銀行が負担する形で決着がつけられた（図表1-2）。

さて、一件落着にも思えた解決策ではあるが、実はこの事件には様々な問題点が内包されている。その点をシェアハウスオーナー、銀行、不動産業者（スマートデイズ）の三者の側面から検討する。事実関係を列挙していこう。

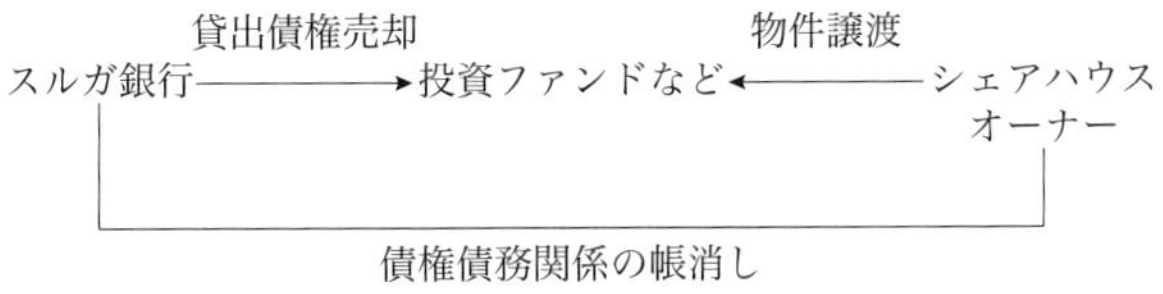

（筆者作成）

図表 1-2　シェアハウス問題の解決案

①スマートデイズは、複数の不動産業者を通すことによって、不動産価格をつり上げた。
②スマートデイズは不動産の利回り８％を提示し、不動産投資が有利な投資であるかのように見せかけた。
③これにより、シェアハウスオーナーは実勢価格より高い価格で不動産を購入することになった。結果的にオーナーの借入金額が膨らむことになる。
④スルガ銀行は、オーナーの源泉徴収票や預金残高を改竄して収入を表面的につり上げ、借入が可能であるかのように偽装した。

まず、シェアハウスオーナー側に問題はなかったか、検討してみる。オーナー側は不動産投資利回り８％という水準に惑わされた可能性が高い。ただ、そもそも不動産投資利回りという言葉の意味をどの程度理解していたか、疑問が残る。不動産投資利回りには以下の三つの種類が存在する。

①想定利回り　想定利回りとは、入居率が１００％の場合の収入を基

準にして計算される利回りである。具体的には、以下の式で表される。この式から分かるように、満室を前提としているため、利回りの中でもっとも高い水準となる（下の式①参照）。

② 表面利回り（粗利回り）　不動産を管理・運営するためには管理費や税金などが発生するが、それらの経費を含めずに、不動産投資から得られる収入を不動産価格で割った数字が表面利回りである（同式②参照）。

③ 実質利回り　不動産から得られる実質収入、すなわち収入から経費や税金などを差し引いた金額を不動産価格で割ったものが実質利回りである。この利回りは、不動産投資を行うに当たってもっとも知っておくべき指標である（同式③参照）。

これら三つの利回りのうち、オーナーにとってもっとも重要な利回りは実質利回りであることは言うまでもない。果たして、スマートデイズがオーナーに提示した８％の利回りは何だったのか。いずれにせよ、この利回りの内容を説明していないのならば、説明責任を果たし

---

① 想定利回り ＝ $\dfrac{\text{不動産から得られるすべての収入}}{\text{不動産価格}}$

② 表面利回り ＝ $\dfrac{\text{不動産投資から得られる収入}}{\text{不動産価格}}$

③ 実質利回り ＝ $\dfrac{\text{（不動産投資から得られる収入－経費・税金）}}{\text{不動産価格}}$

ていないであろうし、利回りの内容を確認しないオーナーにも落ち度があったと言えるかもしれない。8%という利回りを聞いて、おいしそうな話だと思ってこの話に乗ったのであれば、オーナー自らに責任の一端があると言ってよい。

その理由は、8%という利回りは不動産投資の平均的な利回りから判断すると、かなり高い水準だからだ。場所などにより水準に違いはあるが、2015年当時における首都圏の不動産投資の実質利回りは5~6%程度だった。新築のアパートに限定しても7%程度だ。仮に、この水準をシェアハウスのオーナーが認識していたならば、8%という利回り(それが三つの利回りの中のどの利回りを指しているか分からないが)は高すぎるということが分かっただろうし、このような不動産投資の話に疑問を抱いたはずだ。

資金を提供したスルガ銀行も借主の源泉徴収票や預金額、保有資産額などの改竄を行い、融資が実行できるよう偽装工作を行っている。この背後には、極めて厳しいノルマの存在があった。

地方銀行では中位行的な位置づけにあるスルガ銀行が、収益が低迷する中で何らかの活路を見出そうとしたことは疑いない。業績を伸ばすためにはなりふり構っていられないという面もあったのであろう。中には、上司につつかれて無理矢理借主の収入や預金残高の改竄を行った

図表 1-3　不正融資の実態

種別	改竄・偽造など不正案件			改竄・偽造の疑惑案件	
	件数	件数	債権額（億円）	債権額（億円）	合計
シェアハウス	1,647	886	1,110.4	83.1	1,193.5
シェアハウス以外	3 万 6,260	6,927	4,427.3	781.2	5,208.5
合計	3 万 7,907	7,813	5,537.7	864.3	6,402.0

（資料）2019 年 5 月スルガ銀行調査報告書

行員もいたようだ。

貸し手責任という言葉がある。銀行は、借主の収入や資産状況など様々な属性を踏まえた上で融資を実行するか否かを決める責任がある。公正な目で見て、借主に返済能力が足りないと判断したならば、「貸さない」という決定を下すことが公正な判断だ。

スルガ銀行はなぜ、このような不正工作に走ったのであろうか。また、その原因はどこに求められるであろうか。原因を探るためのデータを確認してみよう。まずは、不正融資の数字から見た実態である（図表1―3）。

スルガ銀行の不正融資は、明らかな改竄・偽造などが行われた不正融資と、改竄・偽造が疑われる案件を足し合わせると、シェアハウス案件で1193・5億円、シェアハウス以外で5208・5億円、全体で6402億円にも上る。時期は若干ずれるが、2016年3月期決算における同銀行の貸出金残高は約３・１兆円であり、不正案件並びに不正が疑われる案件（不正融資額）の貸出金に占める比率は２割以上にも及ぶ。これらの融資が不良債権化すると仮定すると、不良債権比率は実に２割以上となる。一般的に不良債権比率の許容上限は５％程度と言われており、この水準を遙かに超えていることが分かる。

図表１-３においてもう１点指摘すべきことは、事件として取り上げられたのは女性向けシェアハウス「かぼちゃの馬車」であったが、改竄・偽造などが行われた不正融資の金額を見ると、むしろシェアハウス以外の案件で圧倒的に多かったことが分かる点である。シェアハウスの事件は氷山の一角でしかなかったのだ。

スルガ銀行の不動産融資残高は、２０１６年３月期決算当時９０００億円以上と言われており、実に不動産融資の３分の２以上が改竄・偽造などによって行われていたのだ。

さらにもう１点指摘すべき点は、不動産融資のローン金利が比較的高いという点だ。ローン金利は、オーナーの資産状況や自己資金額などによって異なるが、一般企業向け融資よりかなり高い金利が提示されていたはずである。一般企業向け融資が低迷する経済状況の中で、シェアハウスのオーナー向け融資は銀行にとって「オイシイ」案件として映ったに違いない。

この結果、スルガ銀行は表面的には独自のビジネスモデルを構築した銀行、あるいは「我が

図表1-4　各銀行の総資金利ザヤ(上位5銀行，%)

順位	銀行名	資金運用利回り		資金調達原価		総資金利ザヤ	
		2016／3	2015／3	2016／3	2015／3	2016／3	2015／3
1	スルガ銀行	2.70	2.66	1.22	1.27	1.48	1.39
2	南日本銀行	2.01	2.08	1.46	1.54	0.55	0.54
3	横浜銀行	1.27	1.31	0.74	0.82	0.53	0.49
4	豊和銀行	1.71	1.79	1.19	1.27	0.52	0.52
5	みずほ信託銀行	0.63	0.70	0.15	0.16	0.48	0.54

(出所) 各銀行ホームページ

道を行く銀行」としての地位を築いていた。この点は、総資金利ザヤという指標を見ると一目瞭然である。総資金利ザヤとは、総資金運用利回りから資金調達原価(調達金利)を差し引いた数字であり、銀行の儲けの代表的な指標となっている。２０１６年３月期決算における地方銀行の総資金利ザヤのランキングは、図表１-４に示されている(２０１５年３月期決算と16年３月期決算)。

スルガ銀行の総資金利ザヤは２０１５年３月期決算で１・39％、16年３月決算期で１・48％となっており、２位の南日本銀行の０・54％、０・55％に対して１％近くの差をつけ、圧倒的な水準を誇っていた。この背後にシェアハウス向けの不動産ローンがあったことは疑いがない。

既述のように２０１６年当時の金融庁は、地方銀行に対して独自のビジネスモデルによる収益力向上の必要性を強調していた。同庁はその流れの中で、他の銀行より遙かに抜きん出ていたスルガ銀行の収益力の高さ、換言すれば総資金利ザヤの高さを称えていた。しかし、本件事件が発覚するやいなや、手のひらを返してスルガ銀行の営業姿勢を批判している。金融庁が表面的な数字、すなわち収益力の高さのみに目を奪われ、収益力の中身が不正な融資によって支えられていたことを認識していなかったことが明白になった形だ。

金融サービスの視点からの問題点

この問題を金融サービスという視点から考えてみたい。この事件で、資金を借りたシェアハウスのオーナー側とスルガ銀行が心すべきこととは何だったのか、という点だ。

金融サービスとは、金融機関側が利用者に対して提供するサービスだ。ここでは融資を行うという金融サービスが焦点となる。個人に対して融資を行う際、銀行が検討するべき事項は以下の通りである。

①　保有不動産や預金など金融資産残高の状況の把握
②　勤務先などによって推測される将来収入の予測
③　上記の点から導き出される個人の1年当たりの返済可能金額、あるいは個人の借入可能額の判断

④ 借入期間や借入金利の設定、これに伴う1年当たりの返済金額、あるいは返済総額の判断
⑤ 上記③並びに④を比較することにより、銀行貸出の可否の判断

銀行は正確なデータから借入主体が返済可能か否か、判断しなければならない。しかし、スルガ銀行のケースでは借主の資産状況などの改竄・偽造を行い、結果的に返済不能に陥った借主が不動産ローン全体の4割以上にも達したという。もちろん、すべての借主が順調に返済できるとは限らないし、勤めていた会社が倒産するなど、何らかの要因により収入が激減することもあるであろう。病気など不測の事態により返済が不可能になるケースもあり得る。

しかし、本件では銀行が貸出を行った当初から、将来的に返済不能になる可能性が極めて高かった。返済のもとになる基礎データを改竄・偽造しているからである。借主は借入当初から返済が困難になる確率が極めて高かったのだ。これは、明らかに利用者を蔑ろにした対応だ。借主の資産状況を虚飾で糊塗し、融資残高、さらには利益の増加を図った姿勢に利用者重視の姿勢はまったく見られない。

取引相手が個人であろうと企業であろうと、短期的な取引関係ではなく、長期的かつ安定的関係を構築することが必要であることは言うまでもない。長期的な取引関係を築くのならば、場当たり的かつ短期的な利益の追求ではなく、相互に正常な利益を長期にわたって創出する関

係が理想的ということになる。足下の利益のみを追求するような行動は厳に慎むべきことだ。

例えば、取引相手が企業の場合、銀行が融資を行い、それによって企業が成長し、新たな雇用が生まれ、所得が発生し、その銀行が存在する地方も潤う。企業の成長により銀行も貸出の増加などにより利益を享受することができるはずだ。これが、理想的な姿と言える。

金融サービスとは利用者の立場に立って提供すべきものであって、銀行の利益のために提供するものではない。最初に「銀行の利益ありき」ではないのだ。利用者が金融サービスによって何らかの利益を享受できて初めて、金融サービスが意味あるものになる。利用者の利益を蔑ろにして、銀行自らの利益のみを図るような行動は、銀行が本来取ってはいけない行動のはずである。スルガ銀行は銀行の本質を忘れた、といっても過言ではない。

２　新銀行東京事件

新銀行東京とは

中小零細企業向けの融資を専門に行う金融機関として新銀行東京が開業したのは、２００５年４月のことである。東京都が主体となって設立した官営銀行だ。東京都が１０００億円、民間企業が187億円を出資した。開業当初はマスコミなどによって華々しく報じられたが、その営業状況は決して芳しいものではなかった。赤字に次ぐ赤字を計上し、最終的には18年5月に八千代銀行、東京都民銀行と合併してきらぼし銀行となった。

新銀行東京については、その設立の経緯から当時の東京都知事であった石原慎太郎氏との関わりで政治的な思惑などの問題点を指摘されることが多いが、本書では、政治的な問題について触れるつもりはまったくない。あくまでも金融的な視点から、同銀行の企業、特に中小企業に対する融資にまつわる問題点について探ってみたい。

設立の経緯と結果

新銀行東京が設立された大きな背景として、中小企業に対する資金供給がスムーズに行われていないことが挙げられていた。具体的には、以下のような内容だ。

第一に、中小企業に資金が回らないために景気が上昇しないという点である。従って、景気を上昇させるためにも、中小企業に資金が流れる仕組みを作る必要がある。2000年代初頭には1990年代の貸し渋りの影響がまだ残っており、苦境に陥っている中小企業が多かった。中小企業を資金面から支援する必要があるという背景だ。

第二に、中小企業に資金が流れない理由として、民間金融機関の貸出が機能を果たしていないことがある。そのため、新たな銀行を作って中小企業に資金を流す必要がある。

第三に、民間の金融機関が着手していない、あるいは手をつけられない未開拓の融資分野を新たに耕すには「クレジット・スコアリング・モデル」（以下、ＣＳＭと略）と呼ばれる与信審査手法を用いて、新規の融資対象企業を開拓していくことが必要である。

果たして、これらの設立理由は妥当であったのか。その点について若干私的な意見を述べたい。

まず第一と第二の点について。中小企業に資金が回らないために景気が上昇しないというのは論理が逆転している。運転資金についてはともかく、設備資金について中小企業に借入需要はなかったと言える。中小企業、特に零細企業は内部収益率（期待収益率）が借入金利を上回らない限り、借入を行うことはない。景気が低迷している状況下では設備投資をしても儲からないと判断する企業は多い。それゆえ設備投資を行うことに対して消極的になるはずだ。換言すれば、景気が上昇して内部収益率が借入金利を上回る状態になれば借入を行うはずであるが、景気が悪い状態では借入を行うことはない。

第二の民間金融機関が貸出機能を果たしていない、という点については議論が分かれるかもしれない。よく言われることに「金融機関は晴れた日には傘を貸すが、雨の日には傘を貸さない」がある。これは、上述した点とも関係するが、景気がよくなって企業の業績が好転すると資金を融通するということだ。金融機関は中小零細企業が業況的に苦しいときに、資金を融通しなかったという点について、肯定せざるを得ない部分がある。

しかし、問題は第三の点についてだ。CSMを用いたスコアリング融資は、バランスシートなどに計上されている様々な財務データや、その他の非財務データ(従業員数や設立年、業種、借入内容など)を格付けモデルや事業性審査モデルなどに入力することによって格付け(返済能力の優劣)を行い、貸出の可否を決定するものである。

CSMは、比較的規模の大きい企業に対してはある程度の妥当性は認められるが、規模の小さい中小零細企業については、あまり当てはまらないと言われてきた。そもそも、融資を行うに際して企業との綿密な話し合いも行わず、あるいは企業の責任者(代表権者)との話し合いも行わずに、どのようにして融資の可否を決めるというのであろうか。

一般的に「企業は人」であると言われる。特に中小零細企業では、経営上の意思決定に占める経営者の関与が大きいのは言うまでもない。それを抜きにしてCSMだけで融資を決定するのはあまりにも機械的であり、常軌を逸しているといって差し支えないであろう。まして、新銀行東京が対象としているのは、貸し渋りなどの対象となった企業であるがゆえ、より一層人を観察することが重要になる。もっとも肝要な部分を省いていては、融資を行う姿勢として非難されてもやむを得ない。

上記の点を考慮すれば、企業経営者を見る目を持った融資担当者の存在が大きなカギを握るはずだが、そもそものような人材が新たに設立された銀行に入社してくるであろうか。中小企業融資に目利きを持った人材を、金融機関が手放すわけはないであろう。そもそも、そのような人材が自ら所属する金融機関を退職してまで新しい銀行に移るとも思えない。

もう1点指摘したいことは、新銀行が設立された時点で貸し渋りの被害に遭うような企業が多く存在していたのか、という点だ。日本にはメガバンクや地方銀行、信用金庫、信用組合、さらには農協や漁協など、様々な金融機関が存在する。仮に銀行から融資を受けられなくとも、信用金庫や信用組合から融資を受けられることもあるはずだ。従って、金融機関から融資を受けられない企業が、新銀行東京の潜在的取引先として残っているとは考えにくい。

実際、新銀行東京の行員たちはスタート直後から新規開拓を行わなければならなかったはずで、結果として、信用金庫や信用組合が融資を断った企業（案件）を紹介してもらっていたようだ。そのような企業は、いわば限界企業とも言うべき存在だが、これに対して経営者への聞き取りも行わず、CSMを適用して融資を行うというのは、実質的に何らの審査も行わずに融資を行っていることと同じだ。つまり、最初からビジネスモデルが破綻していたと言ってよい。

この結果、新銀行東京は設立直後から以下のような大幅な赤字決算となった。

・2006年3月期：209億円の赤字
・2007年3月期：547億円の赤字
・2008年3月期：167億円の赤字

設立からたった3年間で累積923億円もの赤字を計上し、東京都が出資した1000億円の資金の大部分を食い潰した。この事態に対して、2008年当時の石原都政は400億円もの追加出資を決めた。1000億円も400億円もすべて都民の税金である。税金を湯水のごとく使って新銀行東京に注ぎ込んだことになる。新銀行東京の末路を見れば、この行為は愚行であったと言って差し支えない。

金融や経済学で使われる専門用語にサンクコスト（埋没費用）という概念がある。この概念は簡単に言えば、使った費用は戻らない、ということだ。新銀行東京の例で言えば、900億円以上もの赤字はもう戻らない。先の見通しが立たないのであれば、ここで銀行を畳んでしまってもよかったのだ。しかし、銀行を設立した東京都はそのように考えなかった。

１０００億円もの資金を注ぎ込んだのだから、ここで見捨てるわけにはいかない、という心理が働いたのであろう。これは、恋人のために一生懸命お金を使い、振られそうになるとまたお金を使うという行為に似ている。使ったお金はサンクコストとして諦めるしかなかったのだ。
では、当時の中小企業は新銀行東京に対してどのような見方をしていたのであろうか。

中小企業へのアンケート結果

２００８年２～３月、東京中小企業家同友会が東京都の新銀行東京に対する追加出資４００億円の是非を巡って、中小企業にアンケートを行っている。その結果は以下に示した通りである。なお、回答企業は２２５社である。

【設問１】新銀行東京を利用したことがあるか
・利用したことがある　21（９・３％）
・利用したことがない　２０２（89・８％）
・回答なし　２（０・９％）

【設問2】設問1で「ある」と回答した企業に対して

・その際の利率や条件をお教えください　21社中

4％以上：9　4％未満：7　回答なし：5

・融資で問題やトラブルはありましたか

ある：2　ない：15　回答なし：4

・「ある」場合はどのような問題か具体的に記入をして下さい。

昔ながらの期末融資、当座口座もなく不便。

条件変更に応じてくれない。

【設問3】設問1で「ない」とお答えの方

なぜ利用しなかったのですか？　a～eからお選びください。

a　検討したが、条件が合わなかった・・・・・・・21

b　新銀行東京に借りると企業にマイナスイメージ・・14

c　よくわからなかった・・・・・・・・・・・・・・23

d　必要性がなかった・・・・・・・・・・・・・・127

e　その他・・・・・・・・・・・・・・・・・・・・・８

まず注目すべき点は、２２５社の内「利用したことがない」という回答が約９割を占めたことである。さらに、「利用したことがない」という回答の理由を聞いたところ、「必要性がない」という回答が１２７社と６割以上にも達しており、この回答が新銀行東京の位置づけを如実に物語っていると思われる。さらに、「新銀行東京に借りると企業にマイナスイメージ」という回答を含めると、実に約７割もの企業が新銀行東京に対して否定的な回答を行っている。誤解を恐れずに言えば、新銀行東京は大多数の中小企業にとって必要な存在ではなかったということだ。

金融サービスとしての融資とは

ＣＳＭの問題点は、様々な視点から指摘することが可能だが、金融機関が行う融資、特に中小企業向けの融資については、検討すべき点が多々あると思われる。

融資は、ただ単に資金を貸せば済むという話ではないはずだ。中小企業にも様々な企業が存在する。１００社存在すれば、１００社の製品、サービス、営業活動があるとみて差し支えない。いかなる業種であれ、重要なのは貸した後、貸しっぱなしで済ますのではなく、貸出先に対していかなるサポートを行うかという点ではないだろうか。

ここでいう企業支援の内容について、言及しておきたい。企業支援とは、融資を行うことだけを指すのではないはずだ。融資を行った後、当該企業が有している様々な技術やサービスなどについて、それを必要としている企業や個人を探すことで、新たな需要開拓を行うことである。

また、企業の中には経理処理が満足に行えなかったり、技術はあるが、販売経路を持たない、あるいは製品販売の方法について知識や経験の少ない企業など、様々な課題を抱えるところがある。そのような企業に対して経理処理のノウハウや、販売の専門家(プロ)などを紹介する、あるいは、当該企業の製品や技術を必要としている企業や個人を紹介するという方法もある。

銀行として、対企業取引はいかにあるべきか、という視点をまったく欠いていた。どのような支援を行えば、その企業の業績が上向くか、という視点がまったくなかったのだ。新銀行東京は、ひたすら融資を行い、ノルマを達成することのみを目的としたため、融資を行うことだけで満足していたと言えるだろう。

金融サービスとしての融資とは、単に資金を貸し出すだけではない。資金を借りる企業の側に立って、どのような支援を行えば企業が借入金を返済できるか、そこまで考える必要があるのではないか。このような意見に対して、金融機関がそこまで行う必要はない、という意見もあるであろう。しかし、金融機関の社会的責任とは何か、という視点に立つ場合、異なる見方ができるはずだ。金融サービスが社会全体を支える一助となるという点を考慮すれば、資金を貸すだけの金融機関が役割を果たしているとは言えない。

新銀行東京は、融資後に企業を支援する姿勢がまったく見られなかった。融資後は企業が頑張ればよい、銀行は何らサポートを行うことはない、という姿勢だった。新たにできた中小企業向け金融機関には、企業向けの新たな支援の技はまったくなかったということになろうか。

3　ゆうちょ銀行(預金)不正引出事件

預金が勝手に引き出される

2020年9月初め、ゆうちょ銀行の預金が不正に引き出される事件が明るみに出た。第三者が何らかの方法で預金者の口座番号や暗証番号などの預金情報を取得し、銀行口座を勝手に電子決済サービスに登録し、ゆうちょ銀行の預金者の口座から決済サービス用の口座に預金を移動するという形で預金が不正に引き出された。

預金の不正引出の被害者は、当初ＮＴＴドコモのドコモ口座利用者に限定されていると思われていたが、ドコモ口座以外でもPayPay、Kyash、メルペイ、ラインペイ、PayPalなど電子決済サービス（ＱＲコード決済サービス）でも被害が確認された。また、被害者はゆうちょ銀行の預金口座保有者が圧倒的に多かったが、地方銀行の預金口座保有者も含まれていた。『朝日新聞』２０２０年9月16日付によれば、被害の概要は以下の通りである（図表1-5）。

図表1-5が示すように、決済サービス口座では被害の大部分はドコモ口座に集中しており、不正に引き出された預金では、ゆうちょ銀行の預金が被害預金額の約6割を占めている。そこで、以下ではドコモ口座とゆうちょ銀行に絞って話を進めていきたい。

ドコモ口座に関連して不可解な点は、ドコモとキャリア契約していない、つまりドコモと携帯電話の契約をしていない契約者が被害に遭ったことである。なぜこのようなことが起こったのか。その背景には、あまり認識されていない、金融サービスの落とし穴とも言うべき点が隠されていると思われる。

ドコモ口座とは、ＮＴＴドコモが始めたサービスで、ドコモ口座を設定すれば、現金を持ち合わせていない場合でも、気軽に携帯電話でキャッシュレス決済ができるというサービスであ

図表 1-5　電子決済サービスにかかる預金不正引出額

決済サービス口座	件数	被害額(万円)	不正に引き出された預金額
ドコモ口座	145	2,678	ゆうちょ銀行(82 件, 1,546 万円) その他の銀行(63 件, 1,132 万円)
PayPay	18	265	ゆうちょ銀行(13 件, 135 万円) その他の銀行(5 件, 130 万円)
Kyash	4	53	ゆうちょ銀行(1 件, 23 万円) その他の銀行(3 件, 30 万円)
メルペイ	4	105	ゆうちょ銀行(4 件, 105 万円)
ラインペイ	2	49.8	ゆうちょ銀行(2 件, 49.8 万円)
PayPal	2	1	ゆうちょ銀行(2 件, 1 万円)

(出所) 『朝日新聞』2020 年 9 月 16 日付ならびに筆者取材の資料に基づいている.

る。これはPayPayやau PAYなどと同じ仕組みになっている(図表1-6参照)。

まず、ドコモ口座はNTTドコモと携帯電話の契約をしていなくても、メールアドレスさえ届け出れば設定が可能だ。もちろん、ドコモと携帯電話契約をしている人もドコモ口座の設定は可能である。

実際の使い方は、ドコモ口座と契約者の銀行口座を結びつけ、銀行口座からドコモ口座に資金をチャージする、つまり、資金が銀行口座からドコモ口座に移動することになる。チャージされた資金をベースにしてキャッシュレス決済が行われることになる。なお、資金をチャージするときにドコモ口座から銀行に対してチャージに伴う手数料が支払われる。また、ドコモ口

（筆者作成）

図表 1-6　ドコモ口座の仕組み

座からキャッシュレスの支払いが行われた場合、ドコモは消費者がキャッシュレスで商品を購入した店舗から手数料を受け取る。

ドコモ口座と資金チャージの契約を締結していた銀行はメガバンクのみずほ銀行、さらにはゆうちょ銀行を含め全国で35の銀行だった。被害に遭ったのは、ＮＴＴドコモと携帯電話の契約をしていない人で、この35の銀行の中のどこかの銀行に口座を持つ人たちだった。この点に、この事件の特殊性が存在する。

事件の発生要因として指摘されているのが、ドコモ口座を開設するに当たって、本人確認がまったく行われていなかったという点だ。この点について簡潔に説明すると、以下のように集約できる。

① ドコモ口座はメールアドレスさえあれば（あるいはメールアドレスを設定すれば）、ドコモ携帯のユーザでなくても作ることができる。

② ドコモ口座にチャージ（口座振替）できる銀行口座の手続きは、口座番号と暗証番号だけで可能となる銀行がある（被害を被ったのはこの二つの要件だけの銀行が多かったようだ）。

口座振替登録を行うためには厳密な本人確認が必要だ。口座番号や暗証番号のみならず、口座名義人氏名、生年月日、さらには口座の最終残高の下4桁認証などが必要と考えられる。これらは、すべてセキュリティ対策だ。その意味では、メールアドレスのみでドコモ口座を作ることができるというのは極めて安易だと言える。メールアドレスは誰でも簡単に設定することができるからだ。より重要な点は、②の点である。口座番号と暗証番号で銀行口座を特定化することは安全なようにも見受けられる。しかし、この事件の加害者はこの②の点を突いた可能性が高い。

口座番号はともかく、暗証番号は簡単には分からないと思われる。しかし、加害者はこの認証要件を簡単にくぐり抜けたようだ。

その方法は、まず暗証番号を固定化して、異なる口座番号を入力し、ログインを試みるものだ。これは〝リバース・ブルートフォース攻撃〟と言われている。この方法だと、暗証番号と口座番号を被害者本人に知られることなく把握できる可能性が高い。これに対して、一つの口座番号に対して暗証番号を入力する方法では、口座はロックされてしまう。ちなみに、Pay Payやau PAY等のキャッシュレス決済では携帯電話番号を入力してもらうことで本人確認が行われている。

結果的にみると、本人確認を徹底して行わなかったことが、今回のドコモ口座を使ったゆうちょ銀行の預金不正引出につながったことは疑いがない。では、なぜ本人確認を徹底しなかったのか。この事件の真の要因とは何なのだろうか。

ゆうちょ銀行の落ち度

事件の経緯から見て、NTTドコモもゆうちょ銀行も本人確認を怠っているという点では、両社ともに落ち度があったことに疑いはない。この落ち度の背景には共通の要因があると判断する。そのカギを握るのは、第一に個人の財産の保護に対する意識の希薄さであり、第二にキャッシュレス決済に伴うドコモとゆうちょ銀行の手数料収入の追求という点である。図表1–6で示したように、ドコモ口座は、銀行の口座からドコモ口座に資金が移動（チャージ）され、それによって決済が行われる仕組みになっている。銀行の口座からドコモ口座に資金が移動する際には、ドコモは銀行に対して移動した金額の1%程度の手数料を支払う。

銀行口座からドコモ口座に移動した資金は、実際に個人が買い物を行い、決済を行うときにはドコモ口座から支払いに充当される。このとき、ドコモには買い物金額の数%の手数料収入が入る。この仕組みから分かるように、キャッシュレス決済は決済を行うドコモにも、ドコモ口座に資金を移動させるゆうちょ銀行側にも手数料が入る。キャッシュレス決済は決済を行うドコモのみならず、口座間で資金を移動させる銀行にとっても大きな収入源となる。

買い物をする消費者側からすれば、支払金額は現金で購入しようが、ドコモ口座で購入しようが変わらない。ただ、ゆうちょ銀行にとっても、現金で購入されるよりは、ドコモ口座で買い物をしてもらった方が手数料収入が入る。

今回、被害がもっとも大きかったのはゆうちょ銀行の口座保有者だ。この事件の背後にある金融機関の意識が問題ではないか。それは、ドコモもゆうちょ銀行も利益をあまりにも優先しすぎたということだ。

「利用者の利益」「預金者の資産保全」という視点に立てば、本人確認が杜撰であったことは疑いがない。なぜ、本人確認が杜撰であったのか。その背後にある意識が「利益の優先」だ。金融機関は頻繁に「お客様本位」などという言葉を用いるが、本当の意味で「お客様本位」であるならば、預金者の財産をしっかり守り、預金が勝手に引き出されるようなことがあってはならないはずだ。

ゆうちょ銀行は被害に遭った預金者の預金を全額補償したが、預金者の資産の安全性を蔑ろにし、預金が勝手に引き出されるという不祥事を起こしながら、事件発生後、自らの責任について素直に認めない地方銀行も存在した。地方銀行も被害者には被害額を全額補償したが、自らの責任をすぐには認めない姿勢には金融機関という公的な存在としての使命感や責任感は感じられない。

今回の事件で、ゆうちょ銀行の預金者資産の保護に対する意識の希薄さが図らずも明るみに出たと言ったら、言い過ぎであろうか。

もう1点、指摘すべき点がある。それはゆうちょ銀行の焦りともいうべき事情である。ゆうちょ銀行は民営化されて収益の多様化を図る必要があった。ゆうちょ銀行は業務粗利益の大部分を国債や外国証券・債券投資等の運用に委ねている(図表1-7)。一般の市中銀行のように貸出を主な業務としているわけではない。そのため、どうしても収益の多様化を図る必要があった。収益多様化の一つの手段が電子決済サービスであったわけだ。

2010年代半ば以降電子決済サービスが開始され、国のキャッシュレス決済推進政策と相まって、徐々にではあるが電子決済サービスの比率が高まっていった。これに伴い多くの民間銀行も電子決済サービスを取り扱うようになっていった。このような客観的な情勢に鑑みれば、電子決済サービスの口座とゆうちょ銀行の口座を結びつけるだけで手数料が得られるならばそれを利用しない手はない、と考えるのが普通であろう。ただ、利用者の本人確認まで配慮が行

図表 1-7　ゆうちょ銀行の業務粗利益の内訳

（単位：億円）

	2019 年度	2020 年度
業務粗利益	13,142	13,190
資金利益	9,768	9,618
（国内証券運用収益）	(5,497)	(4,556)
（海外証券運用収益）	(4,270)	(5,061)
役務取引等利益	1,288	1,279
その他業務利益	2,084	2,292

（注）役務取引等利益とは為替・決済関連手数料，ATM 関連手数料，投資信託関連手数料等の合計

（出所）ゆうちょ銀行「2021 年 3 月期決算説明資料」

き届かなかった。なお、「ドコモ口座」の決済や入出金などの機能は21年10月25日に「d払い」アプリに統合されることがNTTドコモから発表された。「d払い」では不正防止のためスマホの生体認証や画面ロックを用いたパスワードレス認証などのセキュリティ対策が施されている。

決済多様化と金融サービス

スマホ決済に関連して、別の視点から金融サービスについて、若干の考察を行いたい。

ドコモ口座もPayPayやau PAY等も、いわゆるスマホ決済（通信型決済）と言われるものである。スマホ決済は利用者が自らの銀行口座を登録し、その口座から資金をチャージする形になっている。決済運営会社は顧客が決済口座にチャージするごとに振込手数料を

銀行に支払う。

この振込手数料に関して、２０１９年春頃よりメガバンクを中心に銀行側が値上げを要求してきた。銀行側の意図は必要な費用の応分の負担を求めるということのようだが、決済運営会社からは銀行による「優越的地位の濫用」との反発が出ている。銀行側からの振込手数料の値上げ要求には、銀行の安易な姿勢と、ある意味での焦りが現れている。「安易な姿勢」とは、手数料などの収入は取れるところから取っておこうということだ。もちろん、その背景にはスマホ決済が急速に普及し始めたという現実もあるだろう。銀行の収益が低迷する中で、将来的な成長可能性の高いスマホ決済は、銀行にとっても垂涎の的だ。

しかし、スマホ決済の口座に関しては、銀行側にとって不安な動きがある。それは、決済運営会社の口座に給与を直接振り込むことが検討されていることだ。給与振込は労働基準法によって現金払いが原則とされている。銀行口座への振込は、実は例外的な措置として認められているものだ。

この給与の銀行口座への振込は正社員に対して適用されるもので、非正社員に対しての給与の振込は銀行口座である必要はない。フリーランスで働く人たちや副業での報酬の支払いは、労働基準法による規制の対象外である。参考までに述べると、給与を銀行口座に振り込む場合の手数料と決済運営会社への振込手数料を比較すると、後者は前者の４分の１程度になる。

従って、もし給与の決済運営会社への直接振込が認められると、手数料の安さや便利さとが相まって、決済運営会社への直接振込が増えることが予想される。さらにこの直接振込を契機として、住宅ローンや投資信託などの資金運用サービスへの参入も予想される。

銀行はこれまで、給与の銀行口座への振込は当たり前のこととして認識していたであろう。しかし、スマホ決済などの決済運営会社に直接給与が振り込まれるような事態になれば、銀行と利用者の接点が少なくなることが容易に予想される。ここでも、銀行をはじめとする金融機関と、金融機関以外の業者による金融サービスの競争が起こることが十分に予想される。銀行以外の企業から提供される金融サービスがいかなるものであるか。それによって銀行など金融機関のサービスの質も変化する可能性が高い。金融機関は既得権益の上に胡坐をかいていては、存在意義が問われることになりかねない。

4　金融サービスの本質

スルガ銀行の「かぼちゃの馬車」事件、新銀行東京の実質的破綻、ゆうちょ銀行預金不正引出事件。この三つの事件を通して金融サービスの本質とは何か、について考察したい。

個人にとっての金融サービス

金融サービスの基本は、利用者、すなわち個人や企業などの立場に立ったサービスを提供することであろう。「かぼちゃの馬車」事件のように、個人の収入や預金残高を改竄し、過剰な債務を負わせた上で、返済不能の状態に陥らせることは個人の財産を侵害することにもつながる行為である。金融機関が個人の財産を毀損させることはあってはならないはずだ。

個人の財産の毀損という意味では、ゆうちょ銀行預金不正引出事件も同様の意味を持つ。個人が知らないうちに自分の財産(預金)が、第三者によって勝手に自分の口座から引き出されていたというのは、金融機関にとって預金の安全対策に致命的な欠陥があったということになる。

個人にとっての金融サービスの基本は、利用者の財産を守るための行動を取るということになる。利用者の財産を守りながら、利用者の立場あるいは利益に配慮した金融サービスを提供することが必要になる。簡潔に表現するならば、利用者が満足感を得られるような金融サービスを提供したときに、金融機関は金融サービスに伴う手数料が得られると理解すべきであろう。

利用者の財産を守るという視点から金融サービスを振り返ったとき、過去から現在において必ずしも適切といえない金融サービスがあったことも事実だ。自らの手数料収入ありきで保険や投資信託などの金融商品の窓口販売を行い、利用者に多大なる損失を与えた事例は枚挙に暇がない（第2章にて詳述）。

金融機関もノルマがあるため、個人に対して無理な金融商品の販売を行っていたのだが、このような行為は信用という形のないもので成り立っている金融機関にとって、マイナスにはなってもプラスにはならない。肝要なことは、利用者に喜ばれ、金融機関にとっても利用者の信頼を得られ、利益に結びつくことであるはずだ。

企業にとっての金融サービス

では、企業、特に中小企業にとっての金融サービスの本質とは何か。中小企業は金融機関から資金を借り入れる立場であるが、それのみならず、資金の運用や事業の継承、ビジネス上のアドバイスなど金融サービスの内容は多岐にわたるであろう。

個人に対する金融サービスの基本と同様、企業に対する金融サービスの基本も企業に満足感を与え、かつ金融機関も企業から信頼を得られることではないか。その結果として、金融サービスから得られる収入や利益こそ、真の収入や利益と言えるはずだ。

融資は、単に資金を貸せばよいということではない。明らかな死に体企業には融資を行うべきではないことは自明だ。一方で、融資によって復活が期待できる企業には融資を行うべきだ。しかし、言葉で表現することは簡単だが、現実にはどのように行動すべきであろうか。

新銀行東京の件では、CSMについてその問題点を指摘したが、単純なモデルに当てはめるのではなく、企業と1対1で話し合い、企業経営者を見る目を養い、その企業の将来性を見極めることが必要になる。そのためには、融資の経験を重ねた専門家を育てる必要がある。将来的な見込みのない企業に融資しても、企業にとっては過剰な債務を背負うことになり、銀行にとっても融資が不良債権化する可能性が高い。

この問題点を解決するためには、融資、特に中小企業向け融資の専門家を育成すること自体が金融サービスになる、という視点を持つことが肝要になる。現実には、中小企業向け融資の専門家が銀行で十分育成されているかと言えば、心許ない状態と言わざるを得ない。

以上の点を踏まえた、企業にとっての金融サービスに対する考察は第7章で行う。

第2章

金融商品販売を振り返る

第1章では、スルガ銀行事件、新銀行東京事件、ゆうちょ銀行預金不正引出事件を通して金融サービスとはいかなるものであるべきかについて考察した。

そこで強調したのは、金融サービスとは利用者の立場に立って提供すべきものという視点だ。利用者が満足を感じることができて初めて金融サービスとしての意味を持つということをみてきた。しかし、利用者が満足感を得られるような金融サービスが果たして存在してきたであろうか。

本検証を行うために、本章では金融サービスの過去の事例を振り返ってみる。具体的にはバブル時代からバブル崩壊、さらには日本版ビッグバンに至る流れの中で利用者に提供された金融サービス、特に銀行窓口販売が行われた金融商品販売において、極めて問題点の多かった過去の事例を取り上げて考察を行う。金融サービスのあるべき姿とは何かという本質問題を考える上での端緒となるはずだ。

１　一時払い変額保険

金融サービスという視点から過去を顧みた場合、金融機関が個人や企業に対して様々な被害を与えた事例は１９８０年代末のバブルの時代から存在する。端緒となったのが一時払い変額保険だ。この保険商品に対してバブル崩壊以降、多くの苦情が寄せられた。

地価と株価が高騰したバブルの時代、銀行と保険会社の利害が一致して販売を推奨した商品がある。それが一時払い変額保険だ。この商品は社会に対して大きな問題を提示した。一時払い変額保険に関わるトラブルは、１９８０年代後半から90年代初めにかけて起こった。この件が発生してからすでに30年ほどが経過しているが、銀行が提案する金融商品の販売という金融サービスを考えるうえで、極めて重要な意味を持っているためここで取り上げることとする。

銀行に保険商品や投資信託の窓口販売が認められたのは１９９８年のことであるが、それ以前から、銀行は保険会社と連携して保険商品の販売を行っていた。それが一時払い変額保険だ（仕組みは図表２−１）。

変額保険は、従来存在する定額保険と基本的な構造が異なっていた。定額保険は、毎月一定

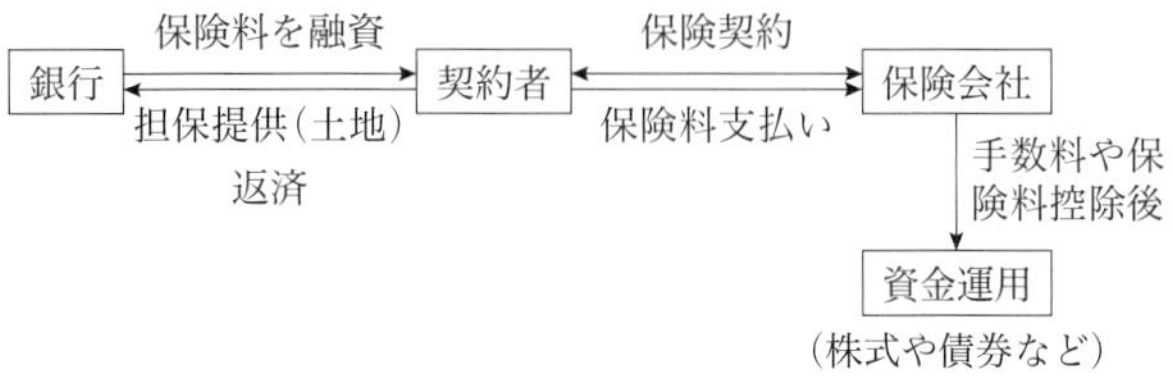

(筆者作成)

図表 2-1　一時払い変額保険の仕組み

の金額を保険料として支払い、被保険者が死亡した場合、定額の保険金が保険会社から支払われる。しかし、変額保険の場合、まず保険契約者が銀行から資金を借り入れる。その資金で保険料を一括で支払う。この保険料(多くの場合、億円単位の金額)が、保険会社の運用(株式や債券など)に回され、受け取る保険金額が運用次第で変動する形になっている。

　具体的には、保険会社は契約者から支払われた多額の一時払い保険料(正確には死亡時の保険金のために支払われる生命保険料等を控除した後の支払保険料)を「特別勘定」というところで株式や債券に投資して運用するが、その運用成果がそのまま保険金に反映されるという仕組みだ(死亡時の最低保険金は保証されている)。

　注意すべき点は、運用に回される保険料は一時払い保険料から銀行に支払う販売手数料と、死亡時の最低保険金のための保険料、運用関係手数料を除いた金額だという点だ。支払保険料がそのまま運用に回されるわけではない。しかも、この点を保険契約者は認識していないだろう。契約者は支払った一時払い保険料がそのまま運用に回されると思い込んでいる。

この一時払い保険料と運用金額との関係からも分かるように、運用が好調に推移すれば、契約者は支払った保険料を上回る保険金を受け取ることができるが、運用に失敗した場合、保険料を下回る保険金しか手に入らない。まさに運用の巧拙が保険金の受取金額に直接影響を与える、ハイリスク・ハイリターン型の保険商品だ。否、このような保険商品はむしろ投資型商品、あるいは保険に名を借りた投資信託と言ってよいだろう。

一時払い変額保険は１９８６年に当時の大蔵省によって販売が認可された。この保険が集中的に販売されたのはバブル時代の88年から90年にかけてであった。しかし、90年に入るやいなや株価は下落し始め、その後、91年になると地価も下落し始めた。バブルの崩壊である。

株価の下落によって変額保険の運用成果も悪化した。保険契約者は生命保険会社から送られてくる運用報告書を見て愕然とする。払い込んだ保険料を上回るどころか、大きく下回っていたからである。これは保険契約者にとっては青天の霹靂《へきれき》であった。なぜなら、保険契約者は「ある理由」から、銀行からの借入金で一時払い保険料を支払っていたからである。その「ある理由」とは、相続税のことだ。

銀行からの借入金で保険料を支払い、その保険料の運用成果がマイナス利回り、つまり支払った保険料を大きく下回っていたのである。契約者は銀行に借入金を返済する必要がある。しかし、返済できるだけの資金はない。しかも銀行借入に伴う毎期の利息の支払いも銀行融資によって賄われている(利息の支払い分が元本に加わる形)。つまり、返済金額は借入金を大きく上回っていた。変額保険の被害件数の正確な数字は不明だが、3万件とも4万件ともいわれていた。被害があまりにも大きかったため、変額保険被害の問題はNHKの「クローズアップ現代」でも取り上げられた(1992年)。

変額保険の被害件数について、当時の大蔵省は正確な被害件数の実態調査を行っていない。行うつもりもなかったようだ。銀行や保険会社など金融機関を監督する官庁としての姿勢に疑問を抱かざるを得ない。当時の監督官庁の目は、国民に、あるいは消費者に向いていなかったといわざるを得ない。

銀行と生命保険の共同勧誘に問題はなかったか

変額保険は、元々アメリカで成功を収めたことを背景に大蔵省の保険審議会で導入が議論され、1986年に解禁された保険商品だ。多額の資産を保有する被相続人、あるいは資産を相続する人に対して相続税対策として変額保険を売り込む。相続財産から借入金が控除されることを利用して、相続人は多額の保険料を銀行から借入金という形で調達し、これを保険会社に支払い、保険会社は支払われた保険料(販売手数料や保険関係手数料、運用関係手数料等を控除したのちの金額)を運用するという商品だ。

変額保険の特徴について、今一度要点をまとめておく。

① 多額の保険料を加入時に一括払いする(従来のように月払いや年払いのタイプのものもあるが、被害に遭ったケースは圧倒的に一時払いが多い)。

② 払い込んだ保険料が一般の保険とは異なる「特別勘定」で運用される。運用対象は株式や債券で、運用成果が変動するものが主体。従って、当然元本保証ではない。

③ 運用の巧拙によって死亡保険金や中途解約金が変動する。ただし、保険金には最低保証額がついている。

変額保険の販売が認可された1986年以降、地価が驚異的に上昇、特に東京をはじめとする大都市圏では、地価の高騰により相続税を支払うために土地を手放さなければならないということが報道された。かような状況の中で、銀行から融資を受けて保険契約を行うという、いわば「融資一体型変額保険」が販売された。これが一時払い変額保険だ。

一時払い変額保険は、将来発生が見込まれる莫大な相続税を支払うために利用し、保険加入のために必要な多額の保険料を銀行融資で賄うものだ。まさに、銀行と生命保険会社が業績を伸ばすためにタッグを組んだと言える。確かに相続財産から借入金は控除されるが、いつ死亡するか分からない被相続人が、かつ死亡したときの相続財産の評価額がいくらになるかも分からないという状況で、なぜこのような保険契約を結んだのか。加えて、銀行からの借入金も返済する必要がある。保険料の運用にしても、どうなるか分からないのに、である。

銀行と保険会社は、用意周到に説明用資料を備えていた。例えば、借入金については生命保険会社の運用によって借入金を上回る運用成果を残せるため、難なく返済が可能である、という説明用資料を予め準備していた。仮に借入金の金利が8％だとすると、運用利回りを9％に設定した資料を用意していたのだ。当時はバブル華やかなりし時代だ。銀行や保険会社の説明は、株価は毎年20～30％も上昇しているから、運用利回りは9％よりもっと高いかもしれない、だから、借入金は難なく返済可能、それどころか、おつりがくるくらいだと……。もちろん、銀行と保険会社のこの説明は１９９０年以降の株価急落によって脆くも崩れたことは言うまでもない。

実は、生命保険会社と連携した銀行側にも、個人向け融資に積極的に取り組まねばならない事情があった。

１９８９年2月、当時の三菱銀行(現三菱ＵＦＪ銀行)や富士銀行(現みずほ銀行)をはじめとする都市銀行は「大型フリーローン」という個人向けの融資を始めた。これは、担保さえあれば資金使途は問わず、土地を担保に最大3億円まで融資可能という内容だった。企業、特に大企業向け融資が低迷する中で、都市銀行が土地保有者などの個人資産家を狙って考え出したものだ。

大都市圏では、地価の高騰により相続税のことを心配する人が高齢者を中心に増えていた。一時払い変額保険の対象となる土地物件も多く、一件当たりの融資金額が億円単位になるため、銀行と生命保険会社のニーズが一致したともいえる。銀行は当時、保険商品の勧誘ができないため、生命保険会社の担当者を帯同して顧客(多くは預金者)のもとに赴く。

実は、銀行と生命保険会社は共同で研究会を開き、不動産に関する情報交換を行ったり、さらには契約の取れそうな勧誘方法まで考えたりしていた。ちなみに、一時払い変額保険契約が成立した場合、生命保険側から銀行に対し協力預金の提供や手数料の支払いが行われていた。一時払い変額保険の存在によって、銀行は多額の手数料収入を得る道が開けたのである。

2　投資信託販売にまつわるトラブル

投資信託

日本版ビッグバンにより1998年以降、投資信託の銀行窓口販売が認められた。

投資信託とは、多くの人から資金を集め、まとまった資金にしたうえで、債券や株式に投資する手法である。投資対象が公社債のみの場合は公社債投資信託、投資対象に株式が含まれているものを株式投資信託という。なお、株式投資信託というと投資対象が株式のみのように思われるが、債券や預金も含まれる。債券や株式は価格が変動するため、元本は保証されていない。つまり、元本変動というリスクのある金融商品だ。

実は、銀行が窓口で投資信託を販売することが認められて以降、消費者から多くの苦情が独立行政法人国民生活センターに寄せられている。国民生活センターの統計によれば、消費者から寄せられた投資信託にかかる相談件数は2008年から16年にかけて毎年1000件以上にも達している(図表2-2)。

以下では、実際に国民生活センターに寄せられた相談実例に基づいて、銀行による投資信託勧誘の問題点について考察してみたい。なお、本事例はすべて国民生活センターのホームページ（HP）から抜粋したものである。

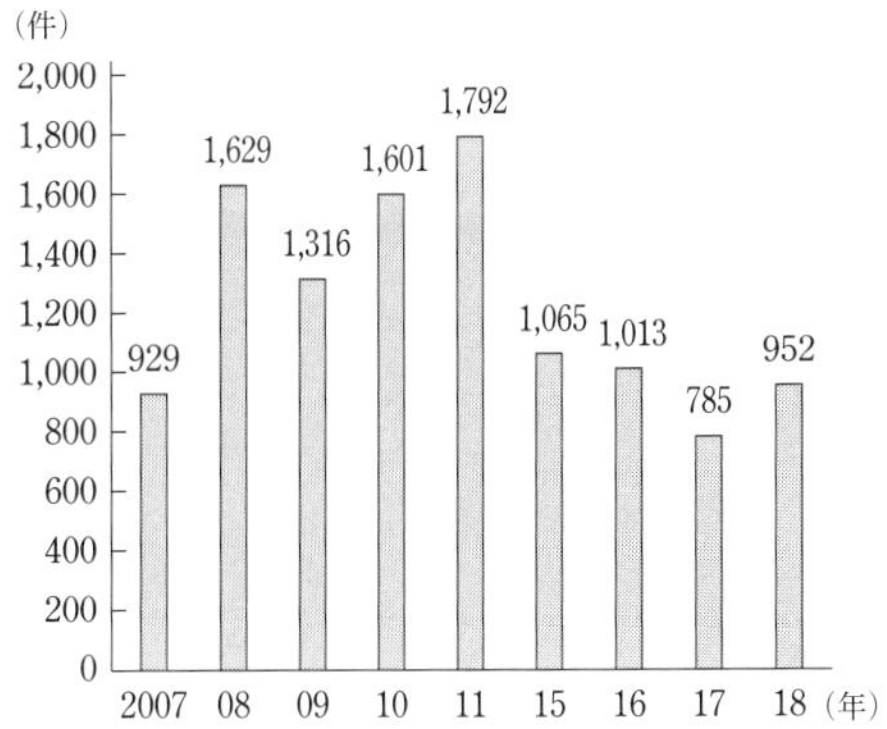

（出所）国民生活センターのホームページより作成

図表 2-2　投資信託相談件数

【事例1】　数日前に、定期預金をする予定で銀行に行ったところ、「利率の良い商品がある」と投資信託を勧められ断ったが、「分配は必ずある」と言われ2種類の投資信託（年2回分配と毎月分配）を合計1000万円契約した。あとから資料に目を通していたら、分配金を出すために元本が減っていくと記載があった。そのような説明は受けていない。話が違うので、解約したい。また、元本保証の商品に変更したい。

（2011年8月、50歳代男性）

【解説】　本事例の場合、もし銀行の担当者が投資信託について「利率」という表現を使ったのであれば、まずおかしい。「利率」というのは予め決められた利子率＝金利のことであり、銀行預金や社債に対して使われる用語である。投資信託の場合は予め決められた利率があるわけではないため、「利率」とは言わず「利回り」となる。意図的に「利率」という言葉を使ったのであれば、銀行預金と似たようなものと顧客に錯誤させる意図があったのではないかと疑わざるを得ない。

この事例のように一年に複数回分配を行うような投資信託の本来の分配財源は、株式の配当と債券の利息だ。しかし、配当と利息だけでは分配財源を賄えないケースが多く、分配を無理矢理行うために、元本から頻繁に分配を行う（かつては特別分配金と呼称していたが、現在では元本払戻金と呼称）ことが多々ある。

２０１７年に金融庁が毎月分配型投資信託の販売について警告を鳴らしたように、投資信託は分配を再投資した方が運用資産（投資信託の基準価額）は増加していく。つまり、複利の発想だ。元本から分配金を支払えば、元本は減少し、投資信託の基準価額はさらに低下していく。ジリ貧状態だ。さらにいえば、元本から分配を行うということは、自分の支払ったお金を自分で受け取るのと同じということになる。投資としてまったく意味がない。

銀行の説明不足は明らかだが、説明不足というよりも、銀行が手数料収入を得るために、正確な説明を避けているといった方が正確かもしれない。

【事例2】　4年前に定期預金が満期になり銀行の窓口に出向いた。窓口で投資信託を購入するように勧められた。毎月分配金が24万円もらえるという説明があり、家中の資金を集め約3000万円で投資信託の契約をした。分配金はもらっているが、元本割れもあり、元本は現在約2000万円であるといわれている。リスクの説明はあったが、こんなに元本が割れるとは想定していなかった。投資目的の金融商品はこれまで購入したことがなく、予想外の損失に納得できない。

（2012年1月、60歳代男性）

【解説】　この投資信託は、当初から投資元本を分配に充てることが計画されているものである。その理由は、毎月分配金の24万円という数字に表れている。仮に、3000万円が投資元本であるとすると、毎月24万円という分配金は年間換算で288万円となり、1年当たりの単純利回りを計算すると、9・6％にもなる（次頁式①）。

契約年が2012年の4年前、すなわち08年となる。当時の10年物国債利回りは1・4～1・5％であった。この水準が、安全資産の利回りということになる。

金融商品の利回りについては、以下の式が成立する（式②）。リスク・プレミアムとは、元本が減少（毀損）するリスクに対する利回りの上乗せ分のことだ。そうすると、この投資信託のリスク・プレミアムは、仮に国債の利回りを1・5％とすると、8・1％ということになる。つまり、利回りの大部分はリスク、従って元本が毀損することを前提とした利回りということになる。この商品は当初から投資元本から分配金を賄うことを前提としていることになる。元本の減少が最初から分かりきっている商品だ。まさに、「高利回りは要注意」という典型的な金融商品になる。

相談者は「こんなに元本が割れるとは想定していなかった」と言っているが、これは元本が割れることが最初から分かりきっている商品であり、リスクに対する説明がまったく行われなかった典型的な事例だ。ただし、この投資信託のような高利回り商品の危険性を認識していない相談者も慎重な対応が必要だったかもしれない。

このケースでは、販売を担当した銀行の説明不足に問題があることは言うまでもない。高利回りの背後には投資元本が毀損するハイリスクが存在

$$\frac{288\text{万円}}{3{,}000\text{万円}} = 9.6\%\cdots\cdots\cdots①$$

金融商品の利回り ＝（金融商品と同期間の）国債の利回り＋リスク・プレミアム………②

するという、金融の世界では常識と言われる金融知識を相談者が身につけていなかったことが傷を拡げることに繋がったと言える。

以下の事例は勧誘者が銀行ではなく証券会社だが、適合性原則とは何か、ということを知る上で適切な事例であるため取り上げる。

【事例3】　要介護認定と認知症の診断を受けている高齢の母が、証券会社で投資信託を契約している。約600万円で契約した投資信託の残高が約200万円になっている。契約書などは見つからないし、いつから取引をしていたのか分からない。母はまったく仕組みを理解しておらず、契約を取り消したい。

（2012年1月、契約当事者80歳代女性）

【解説】　この相談内容では投資信託の中身が不明だが、600万円で契約した投資信託の残高が200万円ということから判断して、株式投資信託であることが推察される。投資元本が減損する可能性が高い商品だ。契約当事者は80歳代の女性であり、要介護認定と認知症の診断を受けているため、リスクを認識して金融商品の購入判断を下す能力があったとは到底思えない。

適合性原則とは、金融商品を販売する際に、販売する側が顧客の知識、経験、財産の状況や契約締結の目的と照らして不適当な勧誘を行ったり、投資家保護に欠けたりすることのないようにしなければならないというルールのことである。本件相談のケースは、明らかに投資家保護に欠けるものである。このように、高齢者が被害に遭うケースは、後述するように極めて多い。

次に挙げる事例は、明らかに勧誘の方法に問題があるケースである。

【事例4】 数日前、満期になった定期預金の手続きをしに銀行の窓口に行ったところ、一年間利率のいい定期預金とセットで投資信託を勧められた。元本割れすると説明されたので、元本保証でないのは嫌だと何度も断ったが、一時間くらい粘られ、根負けして契約してしまった。解約したい。

（2011年4月、契約当事者70歳代女性）

【解説】 このケースは、顧客が望んでいない、元本割れする商品を無理矢理勧誘する、典型的な事例である。投資信託は一度契約してしまうと、クーリング・オフできない（ちなみに保険商品はクーリング・オフ可能）ため、解約するしかない。消費者は自分が望まない金融商品は断固として断ることが肝要だ。なお解約に際しては、契約者は信託財産留保額（解約手数料に相当）を支払うケースが多く、この点にも注意が必要だ。顧客が望まない金融商品を購入して、望まないコストを支払うことになるからだ。

銀行はなぜ株式投資信託を勧めたのか。それは、株式投資信託の販売手数料率が高いからだ。同じ投資信託でも公社債投資信託は公社債、すなわち、国債や比較的信用力の高い企業の発行する社債などを投資対象としているため、リスクは相対的に低く、また手数料も株式投資信託に比べれば相対的にかなり低い。

ちなみに、公社債投資信託の販売手数料は２０１１年当時０・５％程度であったが、株式投資信託の販売手数料率は（株式投資比率によって異なるが）１～３％と高い。果たしてこのような勧誘行為が、銀行が頻繁に口にする〝顧客本位主義〟という観点から見て適切であろうか。答えは言うまでもない。顧客が望まない金融商品を販売して、自らの利益の確保を図る行為は、まさに利益至上主義といって差し支えない。

被害者は圧倒的に高齢者

国民生活センターや各地の消費生活センターに相談が寄せられた投資信託の契約当事者の年齢層を見ると、70歳以上が５割、60歳以上は実に８割以上にも達する。圧倒的に高齢者が多い。

バブル時代に多くの問題を起こした一時払い変額保険についても、被害者は高齢者が圧倒的だった。

3　保険商品窓口販売に伴う被害の実態

保険商品についても、その勧誘方法や商品性に関する多くの相談が国民生活センターに寄せられている。特に、銀行での窓口販売が認められるようになって以降、相談件数が驚くほど増加している。

銀行の窓口における保険商品の販売は２００１年４月の変額年金に始まり、07年12月にはすべての保険商品の販売が解禁された。この解禁にともなって、消費者問題を取り扱う国民生活センターには多くの苦情が寄せられるようになった（図表2−3参照）。

図表2−3から明らかなように、２００７年にすべての保険商品の窓口販売が解禁され、08年度には生命保険に関する相談が前年度に対して急激に増加していることが分かる。もう一つの大きな特徴は、相談者全体に占める60歳以上の比率が約８割と極めて高いこと、さらには、女性の比率が全体で約７割を占めていることである。つまり、相談者の中で高齢の女性が圧倒

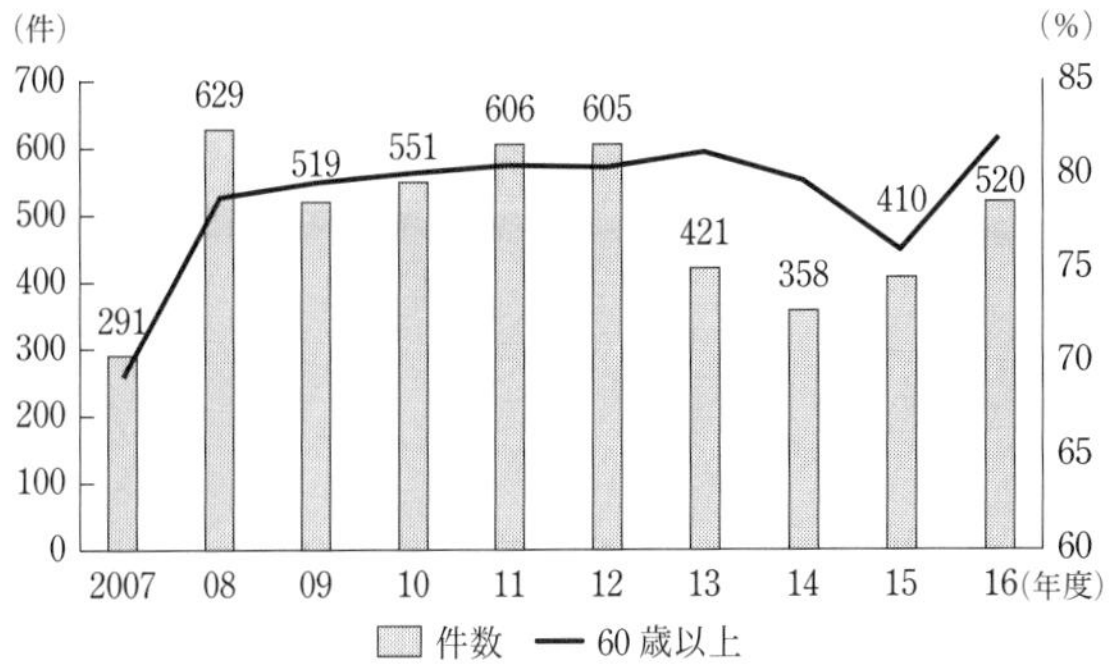

(注) 折れ線は契約当事者が60歳以上の相談割合(右目盛り)
(出所) 国民生活センターのホームページより

図表2-3　銀行窓口販売生命保険相談件数の推移

的に多い。この背景には、多額の資産を保有する高齢女性が多いこともあるが、連れ合いをなくして資産を相続したこと、あるいはパートナーの退職により多額の退職金が入ってきたなどの事情が関係していると推察される。もちろん、銀行は預金者の資産の変化をつぶさに把握することが可能であることが強く関係している。

こちらも相談の実例を国民生活センターのＨＰで確認すると、時代によって相談対象の商品が異なっていることが分かる。具体的には、２０００年代は一時払い変額個人年金(２００２年10月窓口販売開始)が多く、その後10年代になると一時払い終身保険、中でも外貨建て一時払い終身保険が多くなっている。

以下では特に被害が多かった変額個人年金保険について問題点を指摘する。

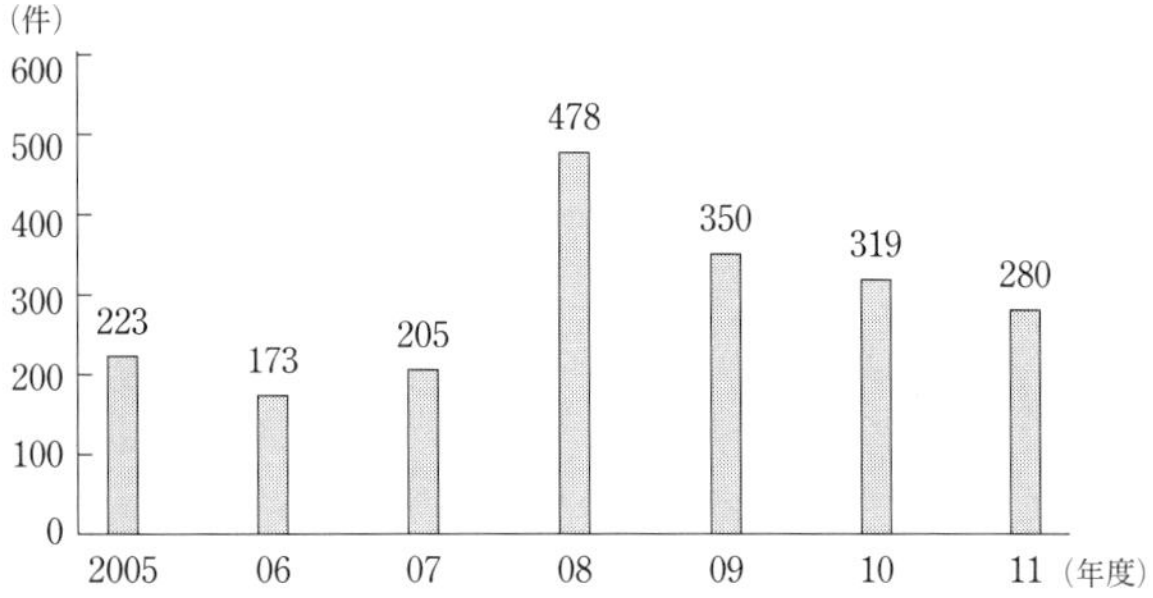

(出所) 国民生活センター「銀行窓口で勧誘された一時払い終身保険に関するトラブル」(2012年4月19日，報道発表資料)

図表2-4 個人年金保険相談件数

変額個人年金保険

銀行の窓口販売における変額個人年金保険の相談件数の推移は、図表2－4に示した通りである。ここでは、特に相談の多かった2005～11年度について表示している。全体的な傾向を見ると、個人年金保険に関する相談が大部分を占めているが、09年度以降は個人年金保険に関する相談が減少しているのに対して、一時払い終身保険の相談が増える傾向が表れている。そこで、まず個人年金保険に関する相談内容と勧誘の問題点について見ていくことにする。国民生活センターのHPには、以下のような実例が載せられている。

【事例1】消費者の意向を無視した契約

定期預金をしている銀行から何度も電話があり、保険を勧誘された。「元本が減るのは困る」「入院などに備えていつでも使えるお金が必要」と、こちらの事情を説明した。しかし、販売員から「元本は減らない」「上がったらいつでも解約できる」と勧められ、500万円の変額個人年金保険の契約をした。一年後、100万円も減ってしまった。儲けたいとは思っておらず、定期預金で満足していた。

（2007年5月契約、2008年9月相談、70歳女性）

【解説】　本事例も、銀行による執拗な勧誘の事例だ。まず、「元本は減らない」というのは誤った説明である。変額個人年金は株式や債券で運用されるため、当然元本が減るリスクがある。銀行の必死さが伝わってくるような勧誘だが、預金者の意向がまったく無視されている。適合性原則に違反していると言える。本事例も断る勇気が必要な事例だ。

【事例2】　財産相続の際に

夫が亡くなり銀行で諸手続きをしていると、窓口の販売員に「今が最低、これからは上がる」と一時払い変額個人年金保険（500万円）を勧められた。訳が分からないまま、書類を次々と読まれ、投資経験がなかったにもかかわらず、言われるまま「あり」と記入した。そのとき「元本は必ず返ってくるね」と何度も念押ししたが、3か月後電話で「今返金すると

400万円」と言われた。

（2008年8月契約、2008年12月相談、70代女性）

【解説】　相談者は、遺産相続の関係で銀行に行ったものと思われる。本件での問題点は、「書類を次々と読まれ……言われるまま「あり」と記入した」という点だ。元本が減少するリスクのある取引の際には「確認書」と言われる書類に、リスクがどれくらいとれるかを確認する箇所がある。おそらく、そこで「あり」と記入させることで、リスクの高い取引に相談者が同意した証拠を銀行は残したかったのだ。この書類は裁判になった時に証拠として提出されるケースが多いため、個人が自分で確認する必要性が高いものだ。銀行の言いなりになってチェックマークを入れてはいけないない典型的事例だ。

【事例3】　クーリング・オフ妨害

定期預金をしようと銀行に電話をすると、販売員が自宅に来て「定期預金より良い商品がある」と保険を勧められた。「非常に良い」と言われ契約したが、個人年金の最終受け取りが107歳になるので、将来のお金より今のお金が大切と思い、すぐに解約を申し出た。しかし、銀行からは「すでに支払った手数料の一部は返せない」と言われた（国民生活センター

注：ちなみに本契約はクーリング・オフが可能であり、手数料も含めて本来全額返金されるものであ

った)。　　　　　　　　　　　(２００８年９月契約、２００９年９月相談、60代女性)

【解説】本事例でも銀行の説明に意図的な誤りが存在する。まず、「定期預金より良い商品がある」の部分は、おそらく利率に関することだと思われるが、変額年金保険は利率が設定されている商品ではないため、このような商品説明は誤りである。また、銀行から言われたとされる「すでに支払った手数料の一部は返せない」という部分も間違いである。クーリング・オフには手数料も含まれているからである。完全なクーリング・オフ妨害の事例である。

変額年金保険勧誘の問題点

上記の相談事例から、銀行の変額年金保険に対する販売姿勢について以下のような問題点が指摘できよう。

① 定期預金が満期を迎えるときや遺産相続を行ったときを狙って勧誘する
② 安全な運用を求める顧客に対して、元本割れすることもあるなどの商品の正確な説明を行っていない、あるいは意図的に避けている
③ 利率あるいは利回りの高さなどを強調する。ただし、利率という言葉を使用して説明したならば、明らかに契約者を錯誤に陥らせている。

④ 販売手数料や保険関係手数料など、コストの説明が行われていない。ちなみに、外貨建ての場合には為替手数料（通貨交換手数料）がコストとして加わる。つまり、外貨建ての場合、銀行に入る手数料は多くなる。

個人年金保険には利回りが固定化された定額年金と、運用実績で年金額が変動する変額年金保険がある。販売時において、より詳細な説明が必要とされるのは、銀行が一時払い変額年金保険（契約時に一括して年金保険料を支払う年金保険）を販売したケースである。

一時払い変額年金保険の特徴は、死亡保険金給付機能が付いたうえで、一時払い保険料を10～20年間（契約期間は保険契約の種類によって異なる）にわたって株式や債券で運用、契約者が受け取る年金は運用成果によって変動する、という点にある。また、変額年金には元本保証型（元本の100％あるいは110％というタイプのもの）と、元本非保証型がある。銀行にとっては変額年金保険販売の際、元本の5％程度の販売手数料が入るため、販売には極めて積極的であったが、売れ筋の中心は元本保証型であった。

ここで、元本保証型というと契約者には安心感が生まれるが、実は様々なリスクが内在する。しかし、この点が理解されていない。そこで、商品の仕組みを確認する。

そもそも元本保証とは、運用（据え置き）期間が終了した後の年金について該当するものであ

図表2-5　変額年金保険の解約返戻金の例（一時払い保険料1,000万円の場合）

	想定運用利回り			
	−2.5%	0%	2.5%	5%
解約返戻金（5年後）	761	834	949	1,081
解約返戻金（10年後）	581	748	958	1,219

（注）保険関係手数料を2.4%，運用関係手数料を年0.5%として計算．10年後の解約返戻金は運用最終日の水準．金額単位は万円．

る。従って、中途解約した場合、手数料（解約手数料や保険関係手数料など）負担により元本割れする危険性が高い（図表2−5参照）。

例えば、一時払い保険料が1000万円の場合、契約時点で死亡保険料や保険関係手数料、運用関係手数料などが一時払い保険料から差し引かれる。これら手数料の合計は一時払い保険料の7%程度となり、手数料を引いた残りの金額がほぼ運用に回されると考えてよい。保険を販売する銀行は当然手数料に関する説明を行わなければならない。しかし、手数料などのコストの説明は行わない銀行がほとんどだ。理由は単純だ。コストの説明を行うと、消費者が保険契約をしない可能性が高いからだ。

誰しもが、一時払い保険料の金額から手数料が差し引かれた後の金額が運用に回されると聞けば、そんな商品を購入することはためらうかもしれない。それゆえ、銀行はコストに関する説明は行わないケースが多かった。実際、訴訟になった時の銀行の主張は、パンフレット（商品説明書）に書いてあるだろう、というものだ。つまり、説明書を読まなかった契約者に落ち度があるという論理だ。契約者は大部分が保険の素人である。保険の素人にこの論理を投げかけることにはかなりの違和感を感じざるを得ないし、悪意すら感じる。

銀行で窓口販売された変額年金保険は、保険料支払いと同時に販売手数料や保険関係手数料、運用関係手数料などが差し引かれるため、実際に運用に回される金額は、一時払い金が1000万円の場合、930万円程度になる。図表2−5を見ても分かるように、仮に運用利回りが2・5％であっても、5年後は949万円、10年後でも958万円と、一時払い金額の1000万円を下回っている。これでは契約者は何のために契約したのか、という疑問が生じるのは当然だろう。

まして、低金利時代が長らく継続している状況の中で、2・5％の利回りですら達成することは難しいだろう。銀行は利回り別の解約返戻金を提示したうえで、消費者の理解を得て契約する必要がある。それが説明責任というものだろう。ただ、銀行が説明責任を全うした場合、果たして契約を行う人がいるかは疑問だ。

４　ＮＩＳＡ、iDeCo の販売合戦

節税メリット

資金運用分野において、２０１０年代半ばから金融機関の注目が高まっているのがＮＩＳＡ《ニーサ》（少額投資非課税制度）と iDeCo《イデコ》（個人型確定拠出年金）だ。

金融庁が２０１９年６月に発表した審議会の報告で、ゆとりある老後の生活を送るためには年金生活に入る前に２０００万円以上の蓄えが必要との答申が話題を呼んだ。この報告書は、まさに平均値から導き出した老後の必要資金、つまり年金生活に入る以前に必要な貯蓄額を算出したのだが、銀行をはじめとする金融機関もこの数字に注目した。自らの商品売り込みに格好の材料だったからである。

ＮＩＳＡも iDeCo も大きな特徴は節税ができる点にある。iDeCo は年金保険料に該当する掛け金が所得から控除される。また、ＮＩＳＡも iDeCo も運用で利益が出ても、その利益に課税されることはない。通常の株式投資ならば株の売却益に対して20・３１５％の分離課税が適用されるのだが、これらの商品には当該口座で運用する限り、課税はされないことになって

図表 2-6　NISA と iDeCo の商品比較

	NISA	iDeCo
運用商品	株式，投資信託，ETF など	投資信託，定期預金，保険商品
購入方法	個人の都合による	毎月積立
目的	自由（資産運用や教育資金など）	将来の年金収入
最低運用金額	なし	毎月 5,000 円
年運用額上限	年 120 万円	年 14.4 万円～81.6 万円
累計運用額上限	600 万円	上限なし
運用可能期間	最大 5 年	60 歳まで
引き出し	いつでも可能	60 歳までは不可
税制上の優遇	商品の運用益は非課税	掛け金は全額所得控除 商品の運用益は非課税 受取時には退職所得控除，公的年金控除（注）が受けられる

（出所）ZAi ONLINE（https://diamond.jp/zai）
（注）公的年金控除とは，公的年金収入には所得税が課されないこと

いる。それぞれの商品特性は、図表2－6に提示した。

激しい販売合戦

老後の生活不安と節税可能な金融商品。この組み合わせが、金融機関にとっては格好の売り込み材料になったはずだ。企業には毎年新入社員が入ってくる。確定拠出型年金の対象商品を扱っている金融機関にとっては格好の販売対象になる。勢い、金融機関同士の競争も激しくなる。一体、どのような戦いが繰り広げられているのか。

毎年4月になると、確定拠出型年

金を制度として採用している企業の新入社員には金融商品のパンフレットが配布される。パンフレットはもちろん銀行や証券会社など金融機関による作成だ。パンフレットは複数の金融機関から提示される場合もある。金融機関も何とか自分たちの金融商品を選んでもらおうと必死だ。企業と取引関係のある金融機関は、取引の伝手を用いて自分たちの金融商品を売り込もうとする。iDeCoを理解してもらうための説明会を開き、提供している様々な金融商品の説明を行う金融機関もあるほどだ。

金融機関によってはＮＩＳＡやiDeCoの目標販売額を設定するところもある。金融商品の販売に伴う様々な手数料収入を「役務収益」と呼んでいるが、金融機関はまさに役務収益の増加に血眼になっていると言ってよい状態だ。

経営状態の芳しくない中小企業の社長に対して、融資を行うから投資信託や保険商品を買ってくれないかと持ちかけたり（これは考え方によっては優越的地位の濫用になるのではないかと疑われる）、取引先企業の従業員にＮＩＳＡを勧めることを提案する銀行の上司もいるようだ。このように、金融商品の販売に絡めてノルマを強いる金融機関が多く見受けられる。本当に利用者の金融資産増加に資するような金融商品を販売し、利用者も満足が得られるのであれば問題はないが、無理矢理販売しているというのが実情だ。販売を担当している銀行員からは、顧客の利益に反するような金融商品の販売に辟易している声が多く漏れる。金融商品を販売している担当者の中にも後ろめたさを感じている人は多いようだ。

そもそも銀行員が勧めることをためらうような金融商品を販売するという行為は、金融サービスとして適切なのか。自らの利益を確保するために元本が損なわれるリスクの高い商品を売り切ることにためらいを感じる銀行員が多いのも頷ける。

新入社員は金融商品の仕組みをほとんど理解することなく、確定拠出型年金を運用するための金融商品の選択を迫られる。本来であれば商品選択に当たって金融の知識や金融商品に対する理解を深めるための金融教育が必要であるが、行われることはほとんどない。金融商品販売という金融サービスは、利用者の資産を安定的に増やすことが重要な目的となるはずだが、金融機関の手数料を増やすための手段として使われている側面が極めて強い。

第3章

手数料を考える

金融機関にとって、手数料収入は今や欠くことのできない収益源であることに疑いはない。金融機関からすれば、金融サービスを提供した対価として手数料を受け取るのは当然と認識しているであろう。

ところで、手数料は何のために存在するのか。あるいは何のために支払うのか。よくよく考えてみると、我々が通常支払っている手数料の中には、なぜ支払う必要があるのか、疑問に思わざるを得ないものもある。ところが、多くの人々は、あまり意識することなく、何の疑問も抱かず支払っている。あるいは、知らないうちに手数料を支払っているケースもある。

本章では、手数料は役務の対価であるという考え方に基づき、手数料という存在について考察する。

1　手数料の実態

手数料や利回りの開示に消極的な銀行

銀行は、保険商品の中でも外貨建ての変額個人年金保険や一時払い終身保険などの販売に極めて積極的であった。一時払い型の外貨建て保険は、高い販売手数料（支払保険料の平均5％程度）が得られる上、通常の手数料（販売手数料や信託報酬＝運用手数料など）以外にも通貨の交換にかかる為替手数料が収益として見込めるからだ。生命保険協会によると、外貨建て保険に関する苦情件数は、２０１７年度は5年前（２０１２年度）に比べると3倍になった。にもかかわらず、銀行は保険商品の販売見直しには、極めて及び腰であった。

実は、金融庁は２０１８年9月に公表した行政方針の中で、投資信託などに比べて保険商品の手数料などのコストや利回りが第三者からは分かりにくいことを指摘していた。同年11月、同庁は大手生命保険会社に対して、契約者（消費者）に対するコストや利回りなどの説明責任を履行するよう強く迫った。銀行や生命保険会社は同年の年末になってようやく重い腰を上げた。

しかし、金融庁の要請に対して銀行は依然として消極的だった。外貨建て保険の契約者に対する利回りやコストなどの説明を、生命保険会社に行ってもらおうとしたのだ（『日本経済新聞』２０１９年3月14日付朝刊）。銀行は、自らの説明責任や説明義務を全うしようとはしなかった。当然、生命保険会社側からは反発が起きる。「何のために高い販売手数料を払っているのか」

（筆者注＝実際に販売手数料を払っているのは契約者であり、保険会社の懐は一切傷んでいない。この点については後述）と……。

利回りについても販売時に明示的な説明は行われない。実は利回りはコストと密接に関連している。

例えば、一時払いの変額年金１０００万円の契約を行った場合を想定する。銀行への販売手数料50万円、その他の手数料（信託報酬や保険関係手数料）が20万円とする。つまり、保険会社からすると運用資金は９３０万円になる。１年間で30万円の運用益が出た場合、保険会社から見た運用利回りは式①のようになる。保険会社から送られてくる運用報告書には運用利回り３・２％の数字があるはずだ。

ところが、契約者から見た運用利回りはマイナス４％だ。理由は簡単で、１０００万円預けた資金が１年後、式②のようになっているからだ。これは、契約者が預けた資金からコストとして手数料が差し引かれているためだ。保険会社と契約者では利回りの計算における分母に対する認識が異なっている。契約者は、運用報告書が送られてきて、初めて上記の点を認識することにな

$$3.2\%\left(=\frac{30}{930}\right)\cdots\cdots\cdots①$$

$$-4\%\left(=\frac{960-1{,}000}{1{,}000}\right)\cdots\cdots\cdots②$$

る。手数料の明示的な説明が必要な所以だ。

銀行窓口での投資信託や保険商品の販売は、日本版ビッグバンの三原則の一つ、フリーに基づいたものだ。しかし、三原則にはフェア、公正さもある。言うまでもないことだが、公正さの概念には、商品に対する説明責任が込められているはずだ。銀行や保険会社の手数料や利回りの説明に対する姿勢は、公正であると言えるであろうか。「顧客本位主義」と言えるであろうか。

銀行の「顧客本位主義」を逸脱した行動の背後には、「ノルマ」の存在がある。銀行は予算を立てるときに、当該年度の手数料収入の見込み額を立てる。その見込み額に従って、各店舗別の手数料収入額の目標値を設定する。さらに各店舗における担当課別、担当者別に目標値を設定する。各担当者は、その目標値を達成するべく、顧客に売り込みをかけることになる。

銀行によっては目標を達成できない場合、本部からかなりの叱責を受けるところもあるようだ。その結果、目標を達成できない担当者は、上司からモラハラ的な圧力を受けるなどして、若くして銀行を辞める行員が後を絶たない。

筆者が実際、あるメガバンクを退職した人から聞いた話では、新入行員のうち１年後に１割、２年後に２割、３年後に３割が銀行を退職するということであった。しかも、銀行はそれを見越して採用人数を決定しているというのである。これでは、人材の使い捨てではないだろうか。

銀行はバブル時の融資一体型変額保険に関わる消費者被害の問題を起こしたにもかかわらず、2000年以降は一時払い変額年金保険や一時払い終身保険、外貨建て生命保険、外貨建て年金保険など、元本損失発生のリスクが高い金融商品を売り続けた。そこにはかつての融資一体型変額保険販売に関わった反省はない。さらには元本が安全、利回りが高い、などと誤った情報を伝えて投資信託や保険商品を販売したりするなど、リスクの高い金融商品を元本保証志向の強い顧客に販売することにためらいはない。

これらリスクの高い金融商品の販売に共通するのは、他の金融商品販売に比べて相対的に高い手数料率・収入が得られるという点だ。顧客の意向にほとんど配慮せず、強引にハイリスク商品を顧客に販売する銀行には、顧客の意向や適合性原則に配慮するなどの姿勢は見られない。これで本当に顧客本位主義と言えるのであろうか。

外貨建て保険販売資格について

余談になるかもしれないが、外貨建て保険の販売資格について私見を述べておきたい。

外貨建て保険に対する苦情が増加しているという事実を踏まえ、生命保険協会は2020年

10月から外貨建て保険販売資格試験を実施した。22年春以降は資格のない販売員は外貨建て保険の販売ができなくなる。

なぜ、生命保険協会は外貨建て保険販売資格の導入を決めたのか。前述の国民生活センターのホームページに寄せられた相談事例をまとめると、以下のような問題点が指摘できる。

①　銀行預金よりも利回りが高い、有利な運用であることを強調するケースが多い。

②　その一方で、外貨建て保険に関するリスク（元本割れや為替リスクなど）については説明されない。

③　手数料に関する説明が行われていない。手数料率が高くなればなるほど、利回りは低下するため、説明項目としては極めて重要なのだが、この点についての説明はほとんど行われていない。

④　顧客には高齢者が多く、高齢者は元本の安全性を重視する傾向が強い。にもかかわらず、元本損失リスクがあることの説明を避けている。

⑤　クーリング・オフを行っても元本の安全性は保証されていない。その理由はクーリング・オフを行った場合、外貨建てで元本が返金されるからである。つまり、為替リスクが存在する。この点の説明も行われていない。

これまで多くの苦情が寄せられた背景には、顧客の意向や適合性原則を軽視し、無理矢理外貨建て保険を販売したことがうかがえる。

元本損失リスクあり、為替リスクあり、さらにはクーリング・オフを行っても投資元本が為替リスクにさらされるなど、外貨建て保険の商品性を踏まえれば、日本人、特に高齢者の資産運用に関する安全性志向に沿わないものであることは明らかである。

従って、外貨建て保険販売資格を導入したところで、多様なリスクを内包する商品性から、顧客の理解を得て販売増に結び付けることは難しい。むしろ懸念されるのは、販売資格を持った人が販売を勧誘したのだから、販売に当たって適切な説明をしているという、言い訳に利用される危険性、いわば資格が免罪符的な位置づけになる危険性がある点だ。このような理由から、資格の存在は顧客本位の姿勢に立脚したものとは到底言えないだろう。

外貨建て保険については、その存在を肯定する視点から「外貨運用には「分散投資」の効果があり、頭から否定される商品ではない」(『日本経済新聞』２０２０年2月28日付朝刊)という指摘もあるが、そのような意見は運用に精通した投資家に当てはまるものであり、一般の個人投資家、特に高齢者に当てはまる意見とは言い難い。

厳しい意見かもしれないが、外貨建て保険販売資格は所詮金融業界——保険業界や銀行業界

――のための保身資格ともいうべきものであって、顧客のためにある資格とは言えないだろう。資格を持った人間が、外貨建て保険を販売することを正当化するための手段としか思えないのである。

金融商品にみる手数料の内容

銀行が窓口販売を行う投資信託や保険商品を顧客が購入すると、顧客は銀行に対して販売手数料を支払う。その仕組みは以下の図表3−1の通りである。図表では、一見すると保険会社が販売手数料を銀行に支払っているかのように見える。保険会社も銀行窓口販売の保険商品に対して「高い販売手数料を支払っている」と述べている。

しかし、保険会社は契約者が支払った保険料から販売手数料を支払っているため、資金の流れから見れば、契約者が販売手数料を支払っていることと同じである。それを裏付けるように、銀行窓口販売で契約した一時払い保険の場合、支払った一時払い保険料から銀行への販売手数料、保険関係手数料（生命保険料や運用手数料など）を引いた後の資金が運用に回されるのである。これが一時払い保険を保険会社と直接契約する場合は、支払った一時払い保険料から保険関係手数料のみを差し引いた後の資金が運用に回されることになる（図表3−1）。

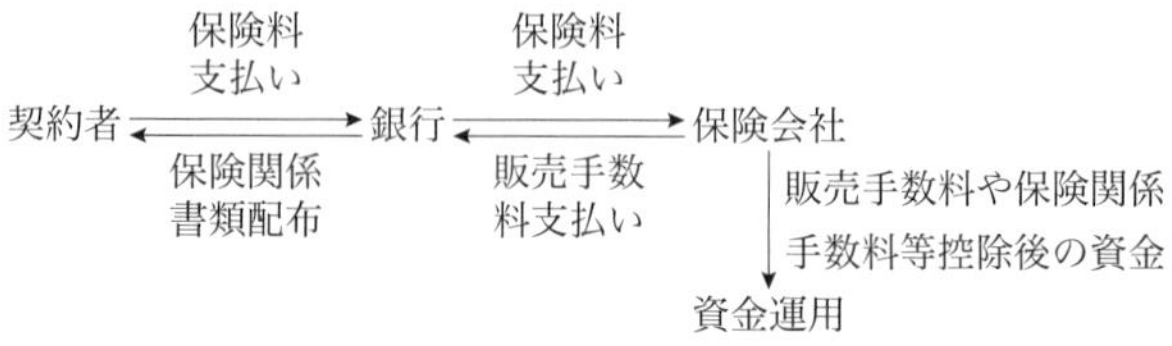

（筆者作成）

図表3-1　一時払い保険の販売手数料の仕組み（銀行窓口販売の場合）

例えば、１０００万円の一時払い変額年金保険契約を締結した場合を考えてみる。銀行の窓口で契約した場合、仮に販売手数料が５％とすると、資金運用に回される金額は販売手数料と保険関係手数料等（仮に２％とする）が差し引かれ、９３０万円程度が運用に回されることになる。

しかし、保険会社と直接保険契約を結んだ場合、１０００万円のうち資金運用に回される金額は保険関係手数料の２％が差し引かれた後の９８０万円になる。運用に回される額は、銀行窓口販売の場合と保険会社と直接契約した場合では50万円もの差が出る。これを見ても分かるように、販売手数料は実質的に顧客が支払っていることになる。

なお、上記のような販売手数料の仕組みや流れは契約者（顧客）には説明されないため、契約者は多額の販売手数料を支払っていることを認識していない。金融庁が指摘する「コストの説明」にはこの点が含まれている。

基本的な疑問になるが、なぜ顧客が販売手数料を負担する必要があるのだろうか。手数料を支払うという意味はどこにあるのか。

手数料は、あるサービスを受けたことへの対価である。例えば、アメリカに旅行に行くとき、銀行で円をドルに交換する。顧客は為替手数料を銀行に支払う。顧客はこれによってアメリカ国内で、ドルでの買い物などにより利便性や満足感を得ることができる。それゆえ、顧客は銀行に手数料を支払うという理屈だ。

町の不動産業者で土地を購入するケースも同じだ。顧客が購入を希望する土地を探していて、不動産業者に仲介してもらい土地を購入すると、顧客は不動産にかかる売買手数料を支払う。この事例も、希望していた土地が手に入ったという満足感が得られたため、それへの対価として顧客は売買手数料を支払っている。

では、銀行の窓口販売における投資信託や保険販売における販売手数料は、どのような位置づけになるだろうか。

例えば、保険商品を銀行の窓口で販売した場合、利益を得るのは誰か。その答えは明白で保険会社だ。保険会社は、本来自分が売るべき商品を銀行の窓口で販売してもらっている。その結果、保険商品が売れる。利益を享受しているのは明らかに保険会社だ。ならば、銀行に販売手数料を支払うのは、当然保険会社ということになる。図表3－1の例でいえば、銀行窓口で1000万円の一時払い保険を販売したならば、保険会社が自前で50万円の販売手数料を支払い、1000万円のうち保険関係手数料等を除いた980万円が運用に回されて然るべきだ。しかし、現実にはそうなっていない。

このような意見に対して、「いや、契約者もメリットを受けている」という反論があるかもしれない。例えば、一時払い変額年金保険を銀行窓口で購入した場合、死亡保険と年金保険の機能がついている保険商品を購入したのだから、顧客は保険というメリットを享受しているという意見が聞こえてきそうである。

しかし、この意見に対しては以下のような反論が可能だ。例えば、死亡保険の機能は極めて低い（一時払い保険料のわずかな割合しかない）。また、変額年金部分は、運用次第では中途解約した場合、投資元本を下回ってしまう危険性もある。つまり、顧客が契約した時点では、メリット（顧客の利益）は確定していないことになる。このような客観的状況の中で、契約者が銀行に販売手数料を支払うのは明らかに理に適っていないことになる。

それだけではない。投資信託や保険の場合、運用期間中に顧客は信託報酬（運用手数料などに該当する）を支払っている。これに対する理屈は、顧客の資産を預かって運用しているのであるから、運用にかかる手数料を顧客が支払うのは当然だ、ということであろう。しかし、この考え方にも疑問符が付く。

運用方法によって運用成果が変動する金融商品（投資信託や一時払い変額年金保険など）の信託報酬は、既述のように運用手数料的な位置づけだ。しかし、大きな疑問点は運用利回りがマイナスになっても、なぜか信託報酬は資産残高に一定料率をかけた水準が資産残高から毎期（通常は1年ごと）差し引かれていく仕組みになっていることだ。

顧客は資産運用に関して金融機関を信じて託したにもかかわらず、実は運用利回りがマイナスということが頻繁に起こっている。つまり、資産残高が減少しているのだ。これでは何のために運用を託したのか、意味がない。しかも、運用利回りがマイナスであるにもかかわらず、信託報酬という手数料を顧客から毎期徴収しているため、顧客の資産は手数料の分だけ目減りしていく。

銀行などの金融機関が資産運用関連の商品の宣伝を行う際に、「運用のプロにお任せ下さい」といった類の表現を用いている。プロならばプロなりの運用をしてもらわないと資産運用を託した側は困るのだが、そんなこととは関係なく、従来は手数料（信託報酬）だけは資産から自動的に差し引かれていた。運用でマイナスになっていることに加えて、手数料も差し引かれるため、資産はさらに減少していく。まさに〝泣きっ面に蜂〟状態である。何より理解に苦しむのは、運用で失敗しているにもかかわらず、顧客から手数料を徴収することである。果たして、このような手数料の徴収方法は契約者の理解を得られるであろうか。また、理に適ったものであろうか。

2　手数料に対する提案

金融サービスの対価としての手数料考察

以上のような視点を踏まえて、手数料に関して以下のような提案を行いたい。

第一に、販売手数料は販売を委託した主体から受け取ることである。これは当然のことであろう。銀行の窓口販売でメリットが得られるのは販売を委託した主体（保険会社や投資信託会社）だからである。

第二に、信託報酬や運用手数料は基準価額（投資信託の時価＝資産価値）が最高値を更新したときのみ顧客に支払ってもらうということである。基準価額が最高値を更新しない状態は、運用が成果を出していないという結果の表れである。従って、信託報酬を受け取るに値する責任を運用側は果たしていないことになる。

これは、顧客側からすれば当然のことである。金融機関が運用に失敗し、顧客側が信託報酬まで支払わされることになってしまえば、顧客の資産は減るばかりである。これでは明らかに顧客の資産を増やすという、運用主体の責任を全うしていないことになる。

実際、販売手数料や信託報酬（運用手数料）を支払う必要のない投資信託が登場している。

2020年4月、農林中央金庫系の運用会社、農林中金バリューインベストメンツが、販売手数料をゼロにしたうえで、投資信託の時価（基準価額、株式でいえば株価に該当する概念）が最高額に達した場合のみに運用報酬（運用手数料）を受け取る商品を販売すると発表した。

この商品の特徴は、株価指数を上回る運用益を目指す、いわゆるアクティブ型投資信託で、基準価額が最高値に達した時のみに、価格上昇分の10％を受け取るというものだ。換言すれば、最高値を更新しなければ、信託報酬を受け取らないとのことである。ただし、運用にまつわる管理を行う投資信託会社や信託銀行への手数料（管理手数料に該当）0・3％分は支払ってもらうという仕組みになっている。このような手数料の仕組みは、顧客側に付加価値が発生しない限り手数料を支払う必然性がないという意味で、顧客に配慮した手数料体系と言えるだろう。

野村証券も信託報酬について、新しい試みを行う。

積立型少額非課税制度（つみたてＮＩＳＡ）専用の投資信託のうち、ネットでの販売に関してば販売手数料や信託報酬をゼロにするというものだ。つみたてＮＩＳＡの満期は最長20年であるが、野村証券はまず10年後に報酬を受け取ればよいという考え方だ。この考え方は、運用側は信託報酬を毎期受け取るという従来の方法から脱却したもので、顧客側からみても納得できる方法と思われる。

手数料は付加価値の対価

ＮＩＳＡにおける野村証券の手数料に関する新たな方向性は、手数料の意味を再考した結果であろう。手数料とは、顧客に対して付加価値――資産価値の増加――を提供してこそ、受け取れるものだという考え方があるはずだ。

図表3―2は、手数料に対する金融機関側と顧客側の視点を比較したものだ。ここで手数料について、一つの提案を行いたい。

既述のように、金融機関は投資信託や保険商品における運用では手数料（運用手数料）を毎期受け取る形になっている。しかし、毎期受け取るよりも当該金融商品の解約時に一括して受け取った方が、金融機関側にとって手数料収入が増えることを、投資信託を用いた具体例で示し

図表 3-2　手数料に関する考え方

販売手数料
　金融機関側：金融商品販売サービスに対する対価→顧客から徴収
　顧客側：顧客は金融商品購入時点でメリットはないため，支払う必要はない

信託報酬
　金融機関側：資産運用というサービスに対する対価→顧客から徴収
　顧客側：顧客からの預かり資産増加によってはじめて発生する対価

(筆者作成)

たい。

まず、以下のような単純な前提条件を設定する。

①販売手数料はゼロ
②購入時の基準価額は1万円
③運用利回りは10％
④信託報酬は資産価値(基準価額)の増加分に対して10％
⑤運用期間は2年

このような前提条件の下で、次頁のような二つのケースを考える。

二つのケースを比較すると、決定的なことが明らかとなる。それは、金融機関が毎期信託報酬を受け取るよりも、解約時に受け取る方が信託報酬は多くなることである。一方、投資信託の基準価額(＝顧客側の資産価値)も［ケース2］の方が高いことが分かる。

この理由は、複利運用にある。［ケース1］は、毎期信

[ケース 1]　毎期資産価値(基準価額)の増加分に対して信託報酬を 10% ずつ受け取る。信託財産留保額(解約手数料に相当)は 0 とする。
[ケース 2]　解約時にのみ資産価値(基準価額)の増加分に対して信託報酬を 10% 受け取る。信託財産留保額(解約手数料)は 0 とする。
図表 3-3 は、ケース別の基準価額と信託報酬を比較したものである。

[ケース 1]では毎期信託報酬が発生するため、1 年後の基準価額は 1 万 900 円となる。2 年後の基準価額は 1 万 1,881 円となる。

1 年後の基準価額の増加分 = 1 万 ×10% = 1000 円
増加分に対する信託報酬 = 1,000×10% = 100 円
1 年後の基準価額 = 1 万(購入時の基準価額)+1,000(資産増加分)−100(信託報酬) = 1 万 900 円

従って、2 年後に解約すると、顧客が支払う 2 年目の信託報酬は 109 円となり、2 年間の信託報酬の合計金額は 209 円となる。また、投資信託の資産価値(基準価額)は 1 万 1,881 円となる。

2 年後の基準価額の増加分 = 1 万 900×10% = 1,090 円
基準価額増加分に対する信託報酬 = 1,090×10% = 109 円
2 年後の基準価額 = 1 万 900+1,090−109 = 1 万 1,881 円
2 年間の信託報酬合計 = 100+109 円 = 209 円

[ケース 2]では、解約時にのみ信託報酬を支払うため、1 年目の基準価額は 1 万 1,000 円、2 年目の基準価額は 1 万 2,100 円となる。

1 年目の基準価額 = 1 万 ×1.1 = 1 万 1,000 円
2 年目の基準価額 = 1 万 1,000×1.1 = 1 万 2,100 円

従って、[ケース 2]において 2 年後に解約した場合、顧客が支払う信託報酬は 2 年間で 210 円となり、投資信託の資産価値は 1 万 1,890 円となる。

信託報酬 = (1 万 2,100−1 万)×10% = 210 円
2 年後の資産価値(信託報酬控除後) = 1 万 2,100−210(信託報酬) = 1 万 1,890 円

図表 3-3　基準価額と信託報酬　(単位：円)

	契約時	1年後	2年後	信託報酬	解約時の資産価額
ケース1の基準価額	1万	1万900	1万1,990	209	1万1,881
ケース2の基準価額	1万	1万1,000	1万2,100	210	1万1,890

託報酬を支払うため、その分基準価額が減ることになる。しかし、「ケース2」のように解約時に一括して支払う形にすれば、複利運用が生かされて、資産価値(基準価額)が増加する。結果として、金融機関側が受け取る信託報酬も「ケース1」に比べて高くなり、顧客側が受け取る投資信託の資産価値(基準価額)も高くなる。両者ともに利益を増やすことにつながる結果となった。複利運用の成果を金融機関と顧客側で分け合っていることが分かる。

この結果から言えることは、金融機関が運用力を向上させ、資産価値(=基準価額)を増やすことができれば、金融機関にとっても顧客にとっても好ましい結果を得ることができるということだ。金融機関にとって、資産運用能力の向上がいかに重要であるかが分かる事例だ。本来の金融サービスとはかくあるべし、という事例と言えないだろうか。

3　金融庁が提案する重要情報シート

重要情報シートの開示

手数料の開示は重要事項であることに疑いはない。金融庁は顧客本位の視点から手数料の開示のみならず金融商品全体に関する情報開示について提言を行っている。代表的な事例が重要情報シートだ。金融庁のホームページ（http://www.fsa.go.jp）に掲載されている「顧客本位の業務運営に関する情報」によれば、金融商品に関して以下のような情報開示のための「重要情報シート」を顧客に対して提示することを推奨している。重要情報シートは五つの項目によって構成されている。次頁の囲みは、金融庁で開示されているヒナ型である。

金融庁が提示した重要情報シートは、一見すると金融商品に関する情報が丁寧に開示されているように思われる。しかし、私見ではこの内容では極めて不十分だと言わざるを得ない。

投資信託や保険商品は投資対象に株式や債券を含んでおり、投資元本が保証されている商品ではない。例えば投資信託は選択した株式や債券などによって、過去のデータから標準偏差や分散が計算され、今後の投資対象期間によって予想される元本変動率を、例えば±20％という

(1)商品等の内容(当社は、組成会社等の委託を受け、お客様に商品の販売の勧誘を行っています)

金融商品の名称・種類	(例)国内成長株ファンド
組成会社(運用会社)	○○投資信託(株)
販売委託元	×× 投資信託委託(株)
金融商品の目的・機能	
商品組成に携わる事業者が想定する購入層	
パッケージ化の有無	様々な金融商品(投資信託など)の組み合わせの有無
クーリング・オフの有無	クーリング・オフ(契約日から一定期間、契約を解除できる仕組み)可あるいは不可

(2)リスクと運用実績(本商品は円建ての元本が保証されず、損失が生じるリスクがあります)

損失が生じるリスクの内容

運用資産の市場価格の変動による影響を受けます。

投資先などの破綻や債務不履行による影響を受けます。

為替相場の変動による影響を受けます。

その他

(参考)過去1年間の収益率　　△%(○○年1月~○○年12月)

(参考)過去5年間の収益率　　平均**%、最低**%(20××年)、最高●●%(20△△年)

(3)費用(本商品の購入または保有には、費用が発生します)

購入時に支払う費用　　販売手数料など

継続的に支払う費用　　信託報酬など

運用成果に応じた費用　成功報酬など(私設ファンドなどの場合)

(4)換金・解約の条件(本商品を換金・解約する場合、一定の不利益を被ることがあります)

この商品の償還期限は20××年××月××日です(または、ありません)。期間更新や繰り上げ償還の場合があります。

この商品をお客様が換金・解約しようとする場合には、○○○(解約手数料など、投資信託の場合信託財産留保額)として○○をご負担いただくほか、一定の制限や不利益が生じます。○○の場合には、換金や解約ができないことがあります。

(5)当社の利益とお客様の利益が反する可能性

当社がお客様にこの商品を販売した場合、当社は、お客様が支払う費用(販売手数料、信託報酬等の名目を記載)のうち、組成会社等から○％の手数料を頂きます。これは○○○○(販売仲介など)の対価です。
当社は、この商品の組成会社等との間で○○の関係があります(または資本関係等の特別の関係はありません)。
当社の営業職員に対する業績評価上、この商品の販売が他の商品の販売より高く評価される場合があります(または、評価されるようなことはありません)。

ような形でリスクを表現することができるからだ。それは、株式や債券を投資対象とする保険商品なども同様である。投資の世界でいうリスクの表示とは、投資資金がどの程度変動するかを示すべきものである。しかし、重要情報シートには過去の収益率に関する実績の記載箇所はあるものの、予想変動率に関する記述はまったく開示されていない。自らの大事な財産を預ける側として、投資のリスクを事前に認識することは当然の権利であろう。

手数料などの費用の記載については以下の提案を行いたい。

・販売手数料：○％(購入金額に対して)あるいは、なし。
・信託報酬：毎期×％(購入時ならびに毎期資産額に対して)あるいは、解約時に資産増加額に対して△％。
・信託財産留保額：解約時に◎％(資産額に対して)あるいは、なし。

このような形で詳細に記載すると、投資家にとっては分かりやすいと思われる。

金融商品購入にかかる手数料について注意を払う必要がある。よくよく考えるべき点は、自らが預けた資産が運用の失敗によって減少した場合、果たして運用手数料を払う必要があるか、という点だ。もし、運用が失敗した場合でも信託報酬を支払うような記載があるならば、そのような商品は購入しないと決断すればよいだけである。そのためにも、重要情報シート内の開示情報の記載方法は慎重に考えるべきである。重要情報シートは金融商品購入の可否を判断するための分水嶺になるからである。

クーリング・オフの記載についても、詳細な記述が必要な商品がある。代表的な事例は外貨建て保険商品だ。保険商品はクーリング・オフが可能だ。外貨建て保険はクーリング・オフを行った場合、外貨で戻ってくる。従って、円から外貨に交換したときのレートよりも外貨から円に交換するときのレートが円高になっていた場合、為替差損が発生することになる。保険契約者はクーリング・オフを行えば、投資した資金（投資元本）が戻ってくると思いがちだが、為替差損が発生するリスクがあることを重要情報シートに明記すべきであろう。

重要情報シートの開示に消極的な金融機関

重要情報シートは金融商品を購入する消費者にとっては必要不可欠なものと思われるが、実は金融機関側は開示に極めて消極的だ。その理由はコストがかかるからということだ。しかし、コスト負担増を理由に重要情報シートの開示・作成を拒むことに正当な理由はない。

銀行は融資を行う際に取引先企業、特に中小企業に対して担保の提供を求めることが多い。その際、銀行は担保に対して抵当権を設定する。抵当権の設定には登記費用がかかるが、その費用は借入を行う企業が負担する。銀行からすれば、融資を行うためには抵当権の設定が必要であるから、その費用は企業が負担することが当然だ、という論理であろう。換言すれば、資金を借り入れるというメリットを享受するのは企業であり、企業が費用を負担することは当然ということだ。

金融商品の販売によって、手数料収入が得られるというメリットを享受するのは金融機関側である。メリットを享受するための対価として重要情報シートを作成・開示する費用を負担するのは当然と判断される。金融機関は資金を借り入れる側である企業にはコスト負担を課すにもかかわらず、自らが負担するコストはなるべく回避したいというのでは理屈が通らない。全ての金融機関が重要情報シートの作成・開示に積極的に取り組むべきであると考える所以である。

4　期限前返済手数料

金融商品販売に伴う手数料の話をここまで綴ってきたが、住宅ローンを借りた人ならば、期限前にローンの一部あるいは全額繰上げ返済の時に、手数料を支払った経験のある人は多いであろう。支払ったことを忘れている人もいるかもしれない。この期限前返済手数料に関しては、何の疑問も抱かずに支払っている人が多いのではないだろうか。しかし、期限前返済手数料は本当に支払う必要があるのだろうか。この点を、金融サービスという視点から考えてみたい。

期限前返済手数料の実態

住宅ローンを借りた人には「期限の利益」と言われる利益が発生する。期限の利益とは、期限が到来するまでに債務者（ローンを借りた人）が受ける利益のことである。具体的には、住宅ローンの返済は毎月元利均等で○○円支払うという形になっているが、このように返済を長期の分割払いにできることを期限の利益という。

期限前にローンの一部あるいは全額返済を行うことは期限の利益を自ら放棄することである。

図表 3-4　繰上げ返済に伴うメガバンク各行の手数料

（単位：円）

	全額繰上げ返済	一部繰上げ返済
三井住友銀行（2019 年 10 月 1 日現在，消費税込み）		
インターネットバンキング	5,500	無料
窓口		
専用パソコン	1 万 1,000	5,500
書面	2 万 2,000	1 万 6,500
三菱 UFJ 銀行（2017 年 5 月 15 日改訂，消費税込み）		
インターネットバンキング	1 万 6,500	無料
テレビ窓口	2 万 2,000	5,500
窓口	3 万 3,000	1 万 6,500
みずほ銀行（2021 年 8 月末時点，消費税込み）		
インターネットバンキング	無料	無料
窓口	3 万 3,000	3 万 3,000

（出所）各銀行ホームページより

これを、「期限の利益の放棄」という。問題となるのは、期限前に繰上げ返済（期限の利益の放棄）を行う際に、銀行に対して繰上げ返済に伴う手数料を支払うことである。例えばメガバンクでも、図表3－4に示したような手数料を支払うことになっている。

金融サービスという視点から、期限前返済の手数料について考察したい。期限前返済は債務者が期限の利益を放棄していることになる。ならば、この期限前返済の手数料は、どのような理由があって存在しているのであろうか。存在しなくてもよいのではないか。

このように述べると、以下のような反論が来るであろう。それは、期限の利益は債権者（住宅ローンを提供した金融機関）にもある。期限前返済によって債権者は将来得られるであろう利益（金利収入）を得る機会を失った、つまり逸失利益が発生したのであるから、手数料を受け取って当然だという意見である。

期限前返済が一部であろうと全額であろうと、債務者は債務を返済していることに注目すべきだ。つまり、債務者は返済責務を果たしている。従って、期限前返済手数料は存在理由が見出せない。金融機関は、その理由として約定通りの返済であれば得られたであろう金利収入以外にも、繰上げ返済手続きに伴う人件費や設備コストなどを理由に挙げるであろう。しかし、手数料体系は矛盾に満ちている。

例えば、三井住友銀行も三菱ＵＦＪ銀行もネットを利用したローンの一部繰上げ返済の手数料は無料であるのに、全額繰上げ返済の手数料は有料となっている。この手数料体系など、まったくもって不可解である。金融機関の手数料は明確な説明がなされないまま、存在し続けている。ネット以外の窓口での期限前返済についても、なぜこのような手数料となっているのか、明確な説明はない。

顧客に対して手数料を求めるのであれば、存在の正当性が必要だ。正当性を説明できないのであれば、手数料が存在する根拠がないことになる。また、期限前返済に伴う金融機関の不利益は存在しないという点を考慮すると、期限前返済手数料はゼロで差し支えないはずだし、ゼロにできるはずだ。

金融機関が手数料収入の獲得に注力していた2000年代、世界経済全体を震撼させる事件が発生する。08年9月に起こったリーマンショックだ。実は、この出来事は、金融業界に大きな革命を起こすことになる。その革命によって、金融サービスに新たな変革の波が起こることになった。

第4章

金融サービスの新たな潮流

２００８年９月に発生したリーマンショックは、瞬く間に世界経済をどん底に突き落とした。金融機関の経営破綻のみならず、一般の企業にも多数の倒産が発生した。

リーマンショックは世界経済に対して大きな打撃を与えたが、金融サービスの視点から見るとマイナスの面ばかりではなかった。ショックを糧として、資金運用や資金調達の両面において、金融機関以外の企業から新たな金融サービス提供の挑戦が始まったからだ。それは個人にも企業にも新たな金融の可能性を提示したようだ。大きな転換点となったのは、インターネットを利用した新しい金融サービスへの挑戦だ。

1　暗号通貨

銀行が利益を上げることに必死になり、投資信託や保険商品等の金融商品の販売によって手数料収入の増加に躍起になっていた動きの中で、銀行の機能や利益を根底から覆すような新たな金融ビジネスがリーマンショック以降、胎動していた。

銀行が窓口で販売を行った投資信託や保険商品は、日本版ビッグバン以前は銀行が取り扱えなかった商品だ。それが日本版ビッグバンによって可能になった。つまり、同じ金融分野ではあってもこれまで他業態の業務領域であった金融商品を、自分たちの業務領域に取り込めるようになったことになる。しかし、そこに銀行のビジネスにおける革新性はない。銀行が何らかの新しい画期的な商品やサービスを生み出したわけではない。

また、銀行による金融商品の窓口販売が顧客にとってプラスであったかと言えば、むしろ多大な被害や損害を与えていたという事実を踏まえれば、否定的な見解を下さざるを得ない。なにより、金融商品の販売に当たって的確なリスク説明を行わなかったという点において、日本版ビッグバンの三原則の一つであるフェア（公正さ）がまったく達成されていなかったと判断できる。日本版ビッグバン実施後四半世紀の時が流れたが、多様な金融商品やサービスによる顧客の利便性の向上という日本版ビッグバンの目的の一つは達成されていないと言える。

金融サービスを考える上で論点の中心は、〝顧客の利便性〟そして〝顧客の利益〟という部分だ。実は、銀行が金融商品の窓口販売に注力する中で、銀行の将来動向に大きな影響や脅威を与える新たな金融サービスが、銀行以外の企業からゆっくりと始動していた。

暗号通貨の登場

２００８年11月、サトシ・ナカモト名で書かれた論文が、その後金融の世界に大きな衝撃を与えることになる。この論文から生まれたのが「ビットコイン」だ。ビットコインとは、デジタルマネーの一種であり、インターネット上のみで流通する通貨、すなわち暗号通貨のことである。マスコミ等では暗号通貨のことを仮想通貨と呼称することも多いが、19年５月に仮想通貨の取引に関する新たな規制を盛り込んだ資金決済法および金融商品取引法の改正案が成立した。この改正法は20年５月１日に施行され、法令上仮想通貨の呼称が「暗号資産」に変更された。ただし、本書においては、ネット上で暗号を用いた通貨取引が行われるという実態に鑑みて、「暗号通貨」という呼称を使用する。

暗号通貨の実態は、一般の人には極めて分かりにくい。そこで、その概要を見ることにする。なお、暗号通貨の代表的な存在であるビットコインについては、吉本佳生・西田宗千佳著『暗号が通貨《カネ》になる「ビットコイン」のからくり』（講談社ブルーバックス、２０１４年５月刊）に詳しく分析されており、参照されたい。

図表 4-1　一般通貨とビットコインの比較

	一般の通貨	ビットコイン
マネーコントロール	中央銀行が行う	供給制限がある
実態	紙幣と補助貨幣あり	デジタルマネー
決済性	あり	あり
預金	あり	なし
金利	あり	なし
送金	可能	可能
手数料	相対的に高い	非常に安い
銀行	取り扱う	取り扱わない
入手可能性	簡単に可能	専門取引所で通貨と交換
信用創造	機能あり	機能なし

(筆者作成)

暗号通貨とは何か

暗号通貨とはどのような存在なのか。一般の国家管理通貨、例えば円やドルとどのような違いがあるのか、暗号通貨の存在によって金融サービスはどのように変わるのか、などの点について、ここでは、もっとも代表的な暗号通貨であるビットコインを例に取り上げ、一般通貨との比較を行ったうえで、簡単な考察をしてみたい(図表4-1参照)。

ビットコインはインターネット上のデジタル通貨であり、一般的な通貨である円やドルのように紙幣や硬貨があるわけではない。一般通貨のうち銀行券はそれぞれの国の中央銀行が発券機能を持ち、国家の信用が通貨の信用を支えている。これに対してビットコインには発券銀行がない。一般の通貨のように国家の信用によって支えられているわけでもない。

では、ビットコインは何によって支えられているか。一つは、最大供給量2100万ビットコインという供給制限である。ビットコインは、一般通貨のように金融緩和という形をとって供給量を増やせるわけではない（希少性）。また、円やドルと交換することが可能である（交換可能性＝流通性）。支払いのための決済に用いることが可能である（決済性）。決済のための手数料（送金手数料）も極めて廉価である。そして、最大の特徴は、使われれば使われるほど暗号通貨としての信用度が増すという点であろう。

ただし、欠点も存在する。ビットコインには通貨と交換する取引所が存在するが、ネット上の通貨であるがゆえ、中には盗難に遭わないようにするためのシステムが構築されていない取引所も存在する。また、ビットコインと一般通貨の交換レートはボラティリティ（分散＝変動性）がかなり高く、そのため投機性が高い。さらに、麻薬取引の売買に用いられたりすることなどもあり、信頼性に対する不安要素の一つになっている。

ビットコインが金融の世界で頻繁に利用された大きな要因は、資金決済（送金）において極めて安価な手数料で送金が行われたことである。なぜ、そのようなことが可能になったのか。まさにその点に暗号通貨の存在価値があった。

決済には、国内決済と国際決済がある。国内の銀行から国内の別の銀行に資金を移動させる

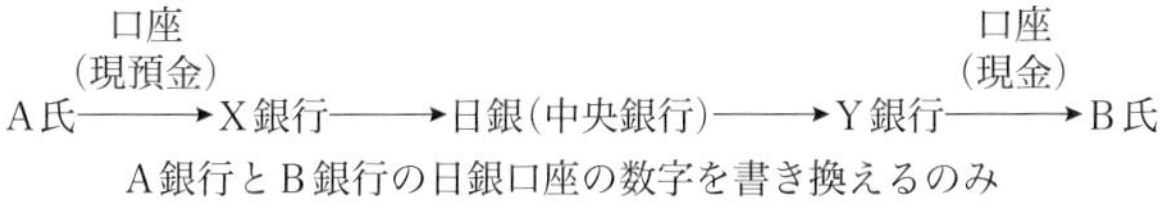

図表4-2　国内決済の仕組み

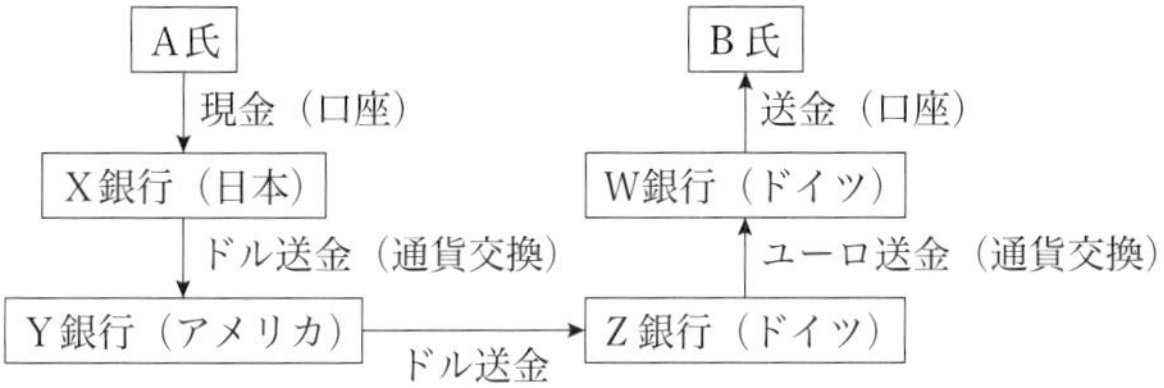

図表4-3　国際決済の仕組み

ことが国内決済だ。これに対して、国内の銀行から海外の銀行に資金決済(送金)することが国際決済だ。国内決済の場合、資金の流れは図表4-2のようになる。

例えば、X銀行に口座を保有するA氏が、Y銀行に口座を保有するB氏に対して1万円の支払い(送金)をする場合、X銀行は日銀を介してY銀行に送金する。その際、日銀には日本国内の各銀行の口座があるため、X銀行から1万円を差し引き、Y銀行に1万円を加える、という操作を行う。つまり、数字の書き換えを行うわけである。これによって資金移動は完了する。この決済ネットワークは「日銀ネット」と呼ばれるものである。手数料も数百円程度であり、極めて高いというほどではない。

これに対して国際決済(外国為替)は少し複雑で、

手間がかかる。国際決済では、日銀ネットに相当するものが存在しないため、手数料が相当程度高くなる仕組みとなっている(図表4−3参照)。

例えば、日本のX銀行に口座を持つA氏が、ドイツの中堅規模のW銀行に口座を持つB氏に通貨ユーロで送金する場合を取り上げる。X銀行がW銀行に口座を保有していれば直接送金すればいいだけなのだが、そのようなケースはあまりない。一方、世界各国の大手銀行はアメリカの大手銀行に口座を持っており、これを利用する。仮にこの銀行をY銀行とする。つまり、いったん、日本のX銀行からアメリカのY銀行に送金する。その過程で円がドルに交換される。もちろん、為替手数料と送金手数料がここで発生する。

次に、アメリカのY銀行からドイツの大手銀行Zにドルを送金する。ここでも送金手数料が発生する。Z銀行はドルをユーロに交換してW銀行に送金する。ここでは、為替手数料と送金手数料が発生する。W銀行の口座を通じてB氏への送金が完了するが、ここでも送金手数料がかかっている。

このように、円からドル、さらにはドルからユーロへと通貨交換を行い、そのたびに為替手数料と送金手数料が発生する。各銀行では最低手数料が設定されているため、送金するたびに手数料が膨らみ、多額の手数料がA氏に負担として発生することになる。つまり、一般的な国

図表4-4　ビットコインによる国際決済の仕組み

家管理通貨では、国際決済の際に極めて高い手数料が発生する仕組みになっている。また、時間的にも数日から1週間程度の時間を必要とするのが通例だ。

しかし、暗号通貨の場合には、国際決済であろうが、国内決済であろうが、仕組みは極めて簡単だ（図表4-4）。

いま、A氏もB氏もネット上にビットコインとビットコインアドレスを保有している場合、A氏のビットコインアドレスからB氏のビットコインアドレスにビットコインを送金するだけでよい。そこには、銀行はまったく介在しない。必要なことは、ビットコインとドルや円などの国家管理通貨との交換性が保証されていればよいだけのことである。

もちろん、円からビットコインに交換する際に交換手数料が発生し、かつビットコインからユーロに交換する際にも交換手数料は発生する。しかし、双方がタイミングを合わせてこの取引を行えば、為替リスクはほとんど発生せず、かつ送金手数料も極めて安価（100円以下）に済ませられる仕組みだ。送金手数料が廉価なのは、暗号通貨という電子データを送るだけであるからだ。

暗号通貨を用いた国際決済の手法は、これからかなり進化する勢いだ。特に、アメリカやヨーロッパなども取引コストの低廉化に真剣に取り組んでいる。これに対して日本の銀行は国際決済の利便性向上に消極的と言われてきた。
ただし、最近ではメガバンクもデジタルマネーを用いた決済にようやく取り組むようになってきた。自らの銀行でデジタルマネーを開発し、その利便性や利用頻度を高めようとしている。しかし、それは他国の主要銀行が取り組んでいる現状に鑑みて、取り組まないと乗り遅れてしまうという危機感からである。ビットコインの登場が銀行を慌てさせたと言えるだろう。そして、このような金融革新が、銀行以外の業界から発生したということが、銀行の革新的取り組みに対する消極性を表している。

暗号通貨の持つ可能性

ビットコインには上述のようにメリット・デメリットの両面があるが、今や世界的な規模で汎用的に利用されていることには疑いがない。さらに注目すべき点は、ビットコインという存在が新しい企業や産業を派生させる可能性が高いという点だ。例えば、以下のようなビジネスがあげられる。

① ビットコインの取引所が開設される（すでに開設済み）

②クラウドファンディング（大衆から資金を広く募る手法、後述）をビットコインで行う
③クラウドファンディングで資金調達する企業の信用力を判断するベンチャー企業の誕生
④ビットコインを投資信託の運用商品の一つとして組み込むビジネス
⑤銀行を介することなく、個人と個人が、あるいは個人と企業が個別に決済を行うビジネス

ビットコインに代表される暗号通貨の登場によって、金融は劇的に変化し始めている。この変化に金融機関がどのように対応するか。金融機関の力量が問われている。

ブロックチェーン

ビットコインなどのデジタルマネーにおいて不可欠な技術がブロックチェーンである。ブロックチェーンは「分散型台帳システム」と言われることもあるが、暗号通貨の取引をネット上で記録し、外部から改竄できないシステムである。

分散型台帳では、新規データがブロックに記入され、そのブロックがすべてのコンピュータに記憶される。多くのコンピュータが新規データに不正がないかどうか、確認を行い、不正がないことに合意すると、そのブロックが承認され、既存のブロックに鎖でつながるように追加される。このような承認記録の過程を経て多数の鎖が形成され、後から改竄ができなくなる仕

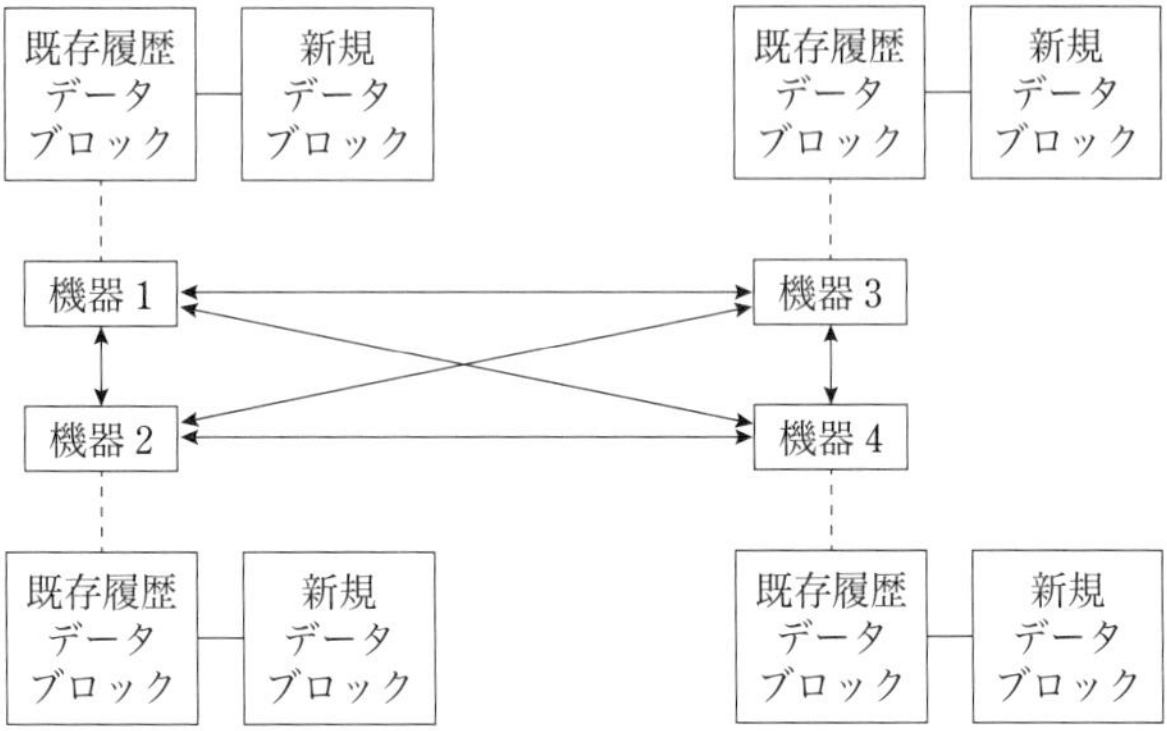

図表 4-5　分散型台帳の基本的仕組み

組みになっている(図表4－5)。

ちなみに、既存のデータ管理システムは集中型管理と言われるもので、様々な端末から送られてくる新規データは中央にある「中央データベース」で管理される。中央データベースは、データに不正がないか、データの重複がないかなどを調べ、問題がなければデータは承認され、記録される。この方式は、外部からのウイルス攻撃に弱いという弱点がある。

ビットコイン登場以前のネット決済は、金融機関のシステムを必ず経由していた。しかし、ビットコインに代表される暗号通貨は金融機関のシステムを経由していない。既述のように、暗号通貨の取引は送る側と受け取る側だけの当事者間取引(P2P決済)となっている。金融機関のシステムを経由していないため、送金手数料が安価になる。

一般の通貨は、国家が管理することで、経済状況に対応して通貨価値の信用を維持している。ブロックチェーンは、暗号通貨の利用者が共同で通貨価値を保持している形を取っている。なお、上述のようにビットコインは、2100万ビットコインという供給制限がつけられているため、国家管理通貨のような金融緩和に伴うインフレの懸念もないと言える。

2　アメリカにおけるフィンテックの胎動

リーマンショックが引き金

「フィンテック」とは、ファイナンス（金融）とテクノロジー（デジタル技術）の二つの言葉を合成した表現だ。フィンテックの胎動は、金融のデジタル化によって新しい金融サービスを提供しようとする試みといえる。

その発端は、2008年9月に発生したリーマンショックと、08年11月に上述のサトシ・ナカモトの論文が発表されたビットコインに求められる。奇しくも、どちらも08年だ。

リーマンショックによって世界的な不況が深刻化したが、金融の側面から見ると、以下のような問題が経済社会において露わになった。

図表 4-6　アメリカの主なフィンテック企業

設立年	企業名	主なサービス内容
2006	レンディングクラブ	資金の貸し借りを P2P 融資で実行
'06	プロスパー	個人と個人の資金の貸し借りをインターネット上で仲介(P2P 融資)
'09	カベージ	ビッグデータを用いて銀行融資を受けにくい零細企業に対して融資を行う
'09	スクエア	中小零細企業に対して安価なスマホ決済サービスを提供 また，決済データをもとに短期融資を機動的に実行
'11	ソフィー	大学のグレードや成績をもとに条件の良い学生にローンを提供
'12	アヴァント	独自の与信分析技術を用いて中低所得者向けのオンラインローンを提供

(出所)『週刊ダイヤモンド』2016 年 3 月 12 日号

① 銀行が中小企業に対して貸出金利を引き上げ、貸し渋りともいえる状況が生まれた。

② 一方、世界的な金融緩和により預金金利が低下、預金者が資産を増やせない状況が生まれた。

上記の2点は古くて新しい課題だが、この課題を解決しようとして、アメリカでは新しい金融サービスを提供しようとするIT企業がリーマンショック前後に登場した。いわゆるフィンテック企業だ。これらの金融革新企業はすべて金融機関以外から生まれている(図表4―6)。

米国では銀行業務の本丸ともいうべき融資の分野で、革新的な動きが生まれている。

例えば、「レンディングクラブ」はお金を借りたい個人と、お金を貸したい個人とをネット上で結び付け、個人に対してスムーズな資金提供の道を開拓した。これは、まさに個人と個人の間の資金の融通だ。換言すると、個人と個人の直接金融の登場だ。

「カベージ」は、ネット上やSNSなどに掲載されている情報(データ)をもとに企業の信用分析を行い、銀行などの金融機関から資金を取り入れにくい中小零細企業に対して融資を行うサービスを提供している。

同じ中小零細企業に対する融資でも、異なるアプローチを行うのが「スクエア」だ。スクエアは、ティーラウンジや花屋など規模の小さい店や会社に対して、小さな端末をスマホに差し込むだけで、安い費用でクレジットカードを利用できる仕組みを開発した。さらに、カードなどの決済状況をデータ化し、これにより、決済がスムーズに行われていれば信用力が増すことになる。店の信用力が向上すると、店が資金を必要とするときに、スクエアは機動的に融資を行うサービスが提供可能になり、店側は安定的な資金調達が可能になる。

「ソフィー」は、大学生に対するローンの提供を行う。米国の大学は授業料が相当高額だが、大学の格(グレード)や本人の成績などのデータから得られた信用力をもとにローンの金利を算定し、ローンの出し手(資金の貸し手)をネット上で募るという手法を採っている。

上記以外のフィンテック・ビジネスで注目すべきはクラウドファンディングであろう。クラウドファンディングについては後に詳述する。

3 日本におけるフィンテックの動き

財務会計ソフトの登場

日本でもフィンテックの胎動がみられる。その具体的な事例を見てみよう。

クラウド会計ソフトの「freee」は、企業や店舗の銀行口座やレジから自動で会計情報を取得し、バランスシートや損益計算書などの会計事務の手助けを行い、手間を削減してくれるという機能を持っている。また、freeeは許可が得られた企業の財務データを銀行と共有し、それによって企業の短期間の業績や財務状況を、いつでもタイムリーに把握することができる仕組みを提供している(図表4−7)。

この技術は、企業の業況を必要な時に把握できるというメリットを持つのみならず、銀行にとっても、企業に対してよりよいタイミングで融資の提案ができるという金融サービスを提供

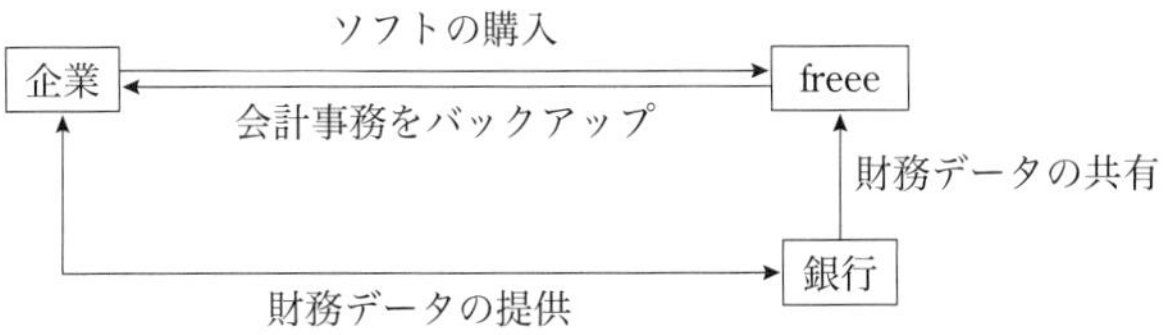

（筆者作成）

図表4-7　企業，銀行，freeeの関係性

できる。

これまで銀行は、融資を行う際には最低でも過去3年分の財務資料（損益計算書やバランスシート、部門別損益など）を提出させ、さらに時間をかけて審査を行ったうえで融資の可否の判断を下していた。しかし、このソフトがあれば、そのような手間をかけなくても融資を迅速に行うことが可能となり、企業、銀行双方にとってメリットがある。

この金融サービスの課題は、財務データの共有を企業と銀行の双方が認めるかどうかだ。実は、データの共有化については拒否反応を示すところが、企業にも銀行にも多い。確かに、財務データを銀行とフィンテック企業で共有することは、銀行にとって取引先の財務内容や損益状況がすべて明らかになるため、銀行が認めるには困難な面があることは否めない。

しかし、企業、特に中小企業などは会計事務の処理に手間取っているところが多く、また、会計事務にコストを割けない事情がある。つまり、この技術の大きなメリットは、企業側にとってこの技術を導入することで、会計事務にかかるコスト――事務コストや人件費など――が削減できる。
また、財務データを銀行と共有することで、日々の財務状況の把握や、さらには日々や月々の資金繰り、経営状況の現状把握なども可能になる。また、経営状況が順調であれば、銀行にとって新たな提案――新規出店などの店舗展開や工場展開など――もできる一方、業況が悪化することがあれば、その兆候を把握し、一層の悪化を防ぐために〝転ばぬ先の杖〟的な支援も提案できる。

もちろん、このような取引は、銀行と企業の間に信頼関係が成り立たないと不可能だ。問題は、そのような関係を銀行が企業との間に構築してきたかどうか、ということだ。

従来の銀行は、融資に当たっては企業に対し担保や社長（代表権者）の個人保証を要求するなどの行為を、当然のように行ってきた。しかし、この技術を導入すれば、企業の現状を把握することが容易となり、銀行も短期融資であれば、担保や保証人の要求など不要になるかもしれない。このソフトは、銀行にとって取引先との関係性を考え直す機会を与えると同時に、企業にとってもコスト削減の端緒を提供してくれる。

ロボアドバイザー

ロボアドバイザー（以下、ロボアドと略）という名前からロボットがアドバイスするかのようなイメージを思い浮かべるかもしれないが、これは資金運用のためのフィンテックの一種であり、パソコンやスマートフォンなどの中に組み込まれた資金運用専門のソフトあるいはアプリと考えてよい。

これまでの資金運用は、銀行の窓口で係員が様々な金融商品、例えば投資信託や保険商品などの商品説明を行い、顧客が金融商品を選択するというものであった。その際、顧客の意に沿わない金融商品を無理矢理買わせたり、あるいは顧客に対してリスクの詳細な説明を行わないままリスクの高い金融商品を買わせたりするなど、適合性原則に違反していると思われるような販売がなされていた。

ロボアドは、一般的に年齢や収入、運用期間や、どの程度のリスクをとれるか、などの質問を通して顧客の資金運用に対する志向を判断し、プログラムを考案した各社が独自の判断で資産選択を自動的に提案してくれる仕組みだ。

ロボアドの大きな特徴は以下の2点に絞られる。

① 少額の資金から資産運用を始められる。

② 資産運用にかかる手数料が安い。

２０１０年代半ば以降、メガバンクを中心に多くの銀行がロボアドを導入する傾向にある。一般的に資金運用というと、多額の資金が必要であり、ある程度の資産を保有している人が対象となるかのようなイメージがあるが、少額の資金から始められる点に、ロボアドの優位点がある。

年金不安問題、特に退職するまでに２０００万円を貯める必要があるなどの金融庁審議会の答申（２０１９年５月）などもあり、老後の生活不安に拍車がかかる一方、資金運用などで少しでも自らの資産を増やしたいと思っている個人は多いであろう。このような国民の心理に合致する面もあったのかもしれないが、ロボアドを用いて資金運用を行っている個人が、徐々にではあるが増えているようだ。

ロボアドは、ＡＩを用いて資金運用のアドバイスを行うものだが、ＡＩを用いているからといって、本当に資産を増やしてくれるかというと、実は心許ない面がある。実際、２０１８年半ばから19年半ばまでの１年間におけるロボアドの資金運用結果は、約５割が投資元本を割っているという事実がある。

手数料についても、確かに廉価であることには疑いがない。その理由は、単純に人件費が安く済むからである。例えば、銀行の窓口で株式投資信託を購入する場合、販売手数料で１～

2％、信託報酬で1～2・5％程度のコストが発生するケースが多い。しかし、ロボアドであれば、販売手数料で0％台や、無料のものもある。また、信託報酬では1％以下のものが多い。

ロボアドの手数料の安さは確かに魅力的なのだが、問題がないわけではない。

例えば、ロボアドによる金融商品販売の競争が激しさを増せば、顧客を引き付けるために金融機関は、おそらく手数料の引き下げ競争へと向かうはずだ。これは一見すると、消費者にとって好ましいことのように思えるかもしれないが、勧誘する商品の中身が問題だ。顧客にとってもっとも重要なことは、資金運用によって自らの資産を効率的に増やしてくれることである。いくら手数料を低くして投資信託を勧誘しても、中身が伴わない、つまり運用の成果がマイナスになるようなものばかりでは話にならない。

もっとも大事なことは、資金運用を託された投資信託などの商品が運用成果を出すことである。運用能力の向上がロボアドの今後の成否のカギを握っている。

心許ない資金運用の実態

しかし、現実は心許ない。その理由は、銀行をはじめとする日本の金融機関は運用のプロの人材を育てていないからだ。本来、顧客から資金を預かって運用を行う立場の担当者は、まさに顧客の立場に立って資金運用を行い、顧客の資産を増やす義務がある。しかし、日本の銀行は自らを「金融のプロ」と位置づけながら、実は資金運用のプロを育ててこなかった。

その結果、どのようなことが起こったか。例えば、銀行は子会社に投資信託会社など、資金運用を業務とする会社を保有している。銀行から子会社に年配の人がおりてくるのだが、まったくの素人が来るという事例は枚挙に暇がない。これでは、運用力の向上などまったく期待できない。銀行からすれば、運用を担当する子会社は単なる高齢者の再雇用の場、程度にしか考えていない。これもまた、顧客を無視した証と言えるのではないだろうか。

フィデューシャリーデューティーという言葉がある。「受託者責任」と訳されている。顧客から資金運用を託された主体(受託者)は、資金運用に関する責任を負わねばならない、という考え方である。この言葉は米英で生まれた概念である。他人から資産の運用を託された主体は、極めて重い責任を負っているという意味が含まれている。

なお、フィデューシャリーデューティーなる言葉は、現在ではより広い意味でも使用されている。２０１７年３月に金融庁から発表された報告書「顧客本位の業務運営に関する原則」では、まさに「顧客本位の業務運営」という意味で使用されている。

日本において運用のプロがいないわけではない。しかし、受託者責任の精神を心に刻み、重い責任感の下で顧客の資金運用を行っている金融機関や運用担当者がどれほど存在するであろうか。少なくとも、銀行の人事を見る限り、日本は〝お寒い限り〟と言えないだろうか。

ロボアドによる資金運用に関して、最後にもう1点、指摘しておきたいことがある。ロボアドに関しては、今のところ、個人の属性や投資志向をインプットすれば、その個人に適切と判断された投資信託などの金融商品を選択してくれる形になっている。しかし、一つ疑問が残る。それは、そもそも投資信託など元本が変動する商品が適さない個人もいるという点だ。その意味では、個人のみならず家族の属性もインプット項目に加えた方がよいのではないか。例えば、未成年の子どもが2人いて、資産総額が300万円の人が、そもそもリスクの伴う投資信託に向いているであろうか。つまり、個人の属性に鑑み、「あなたに投資信託は向いていません」という回答をするロボアドがあってもよいはずだ。

投資信託を資金運用の手段として希望する顧客がいても、その投資を拒否するロボアドがあっていい。それこそ、本当の意味で顧客の立場に立ってアドバイスするロボアドと言えるだろう。今のところ、そのようなロボアドは見受けられない。

今後、銀行などの金融機関はロボアドによる資金運用への勧誘をますます強化していくであろう。金融機関が考えるべき重要な視点は、真に顧客の立場に立った資金運用アドバイスとは何か、ということだ。その視点を重視しない限り、例えば、ロボアドによって指定された資金運用を行ったにもかかわらず、資金運用結果がマイナスになったことを、果たして自己責任と片付けることができるか、検討の余地がある。

ロボアドは絶対ではない。ＡＩも絶対ではない。金融機関がいかにロボアドを精緻化していくか、金融機関としての独自性が問われている。

クラウドファンディング

資金調達という視点から注目を浴びているのが既述のクラウドファンディング（以下、ＣＦと略）だ。この手法は、インターネット上で企業や個人が自らの事業計画を公開し、これに賛同を示した大衆（crowd）から資金調達（funding）を行うという手法である。

ＣＦはアメリカ発祥の資金調達手法だ。アメリカではＣＦを用いた資金調達が頻繁に行われているのみならず、ＣＦを利用して大きく成長した企業も多数存在する。今では、スタートアップ企業にとってはなくてはならない資金調達手法となっている。

日本では、ＣＦがネットを通じた寄付行為のような意味で解釈されている向きもあるが、ＣＦには寄付以外にもさまざまな種類がある。

ＣＦのタイプには、投資型と非投資型に分ける方法がある。

①投資型：資金支援者が金銭的なリターンを得ることが可能

②非投資型：金銭以外のモノやサービスを受け取ることが可能

また、プロジェクトの性質や資金支援者へのリターンの種類によって以下の3種類に分類する方法がある。

①購入型：プロジェクトの創案者は目標金額と期限を設定し、資金支援を募る。資金支援者には創案者が生み出す新たなモノやサービス、あるいは権利(例えば利用権)など、金銭以外の特典を付与する。

②寄付型：寄付型の場合、基本的に資金支援者にはリターン(見返りや報酬)はない。例えば、環境保全や被災地支援、病気の子どもを救済するなど、社会的に共感性が得られ、かつ社会貢献的な色彩の強いプロジェクトが多い点に特徴がある。資金の性格的には募金と似ているが、募金と異なるのは、資金の使途が明確に開示され、資金の流れが把握できる、という点にある。

③金融型：金融型は、融資型とファンド型、株式型に分類することができる。

ａ　融資型：複数の個人から資金を集めて、借り手に対して貸し付けを行う。利率(ＣＦの運営主体が決定する）に基づいて毎月金利が支払われる。貸し手から見ると、ソーシャルレンディング（お金を貸したい個人とお金を借りたい企業をネット上で結びつけるサービス）となる。ただし、借り手が経営的に行き詰った時には、資金が返済されないリスクがある。

b　ファンド型：プロジェクトの創案者が考えたビジネスに対して、ネットを通じて出資を募集する。募集の後、ビジネスが動き出すと、出資者に対しては分配金を支払う。ただし、分配金は売上や利益に応じて変動し、ビジネスが失敗した場合には分配金は支払われない。

c　株式型：このタイプは、出資者に対するリターン（見返りや報酬）として、当該企業の株式を受け取るという形式となっている。株式型はビジネスを実行する企業が株式の公開（IPO）や合併・買収（M&A）を計画している場合に採用されるケースが多い。

日本におけるインターネットを利用したCFの本格的な始まりは、2011年の東日本大震災によって壊滅的な打撃を受けた東北の漁業者が、ネットを通じてカキの養殖などを復興させるための資金を募ったことがあげられる。この時には、資金提供者に養殖のカキを配っており、いわゆる購入型に該当するCFであったと言える。

CFの運営サービス主体としては、2011年に立ち上げられたプラットフォーム「READYFOR」が始まりとされている。CFの専門業者は、19年時点で40社程度の企業が存在している。

２０１４年5月には、資金調達における規制を緩和する目的から金融商品取引法の改正が行われ、投資型のＣＦも注目を浴びている。このような動き自体は資金調達の多様化という視点から歓迎すべきものであるが、一方で、購入型のＣＦに資金提供したものの配布予定の商品が一向に送られてこないケースが散見されたり、ＣＦの手法を悪用した詐欺（調達した資金の私的流用）などの犯罪も現れている。ＣＦにはプラス面ばかりではなく、マイナス面もあることに留意する必要がある。

クラウドファンディングの現状

ＣＦにはメリットもデメリットも存在し、多くの課題が残されているものの、図表4‐8に示したように支援規模は増加傾向にある。この新たなる資金調達手法を金融サービスという視点から社会的に生かすことで、実は金融機関にもプラスの効果が生まれることが多くあると思われる。

矢野経済研究所の調べによれば、２０２０年度時点でＣＦによる新規プロジェクト支援規模は１８４２億円であり、その規模は16年度（約７１６億円）と比較すると、およそ2・5倍に拡大

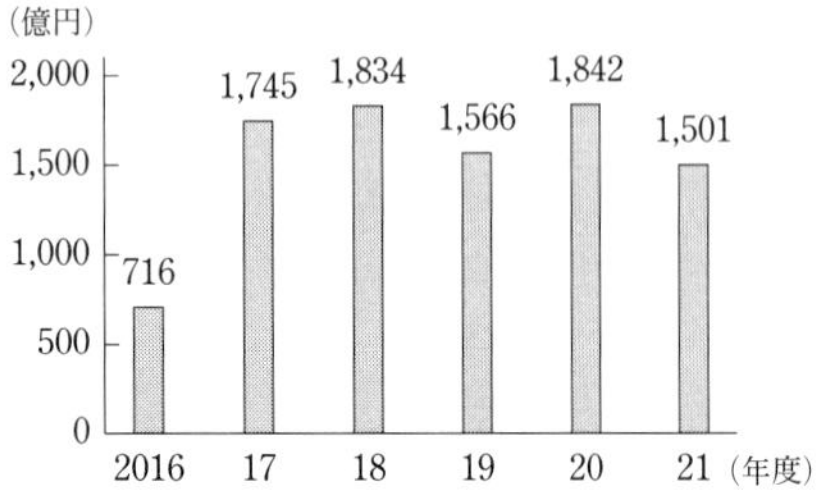

（注）2021年度は見込額
（出所）矢野経済研究所

図表4–8　国内クラウドファンディングの新規プロジェクト支援額の推移（市場規模）

している。もちろん、国内の銀行融資規模に比べればまだまだ小さい規模に過ぎない。しかし、短期間における大幅増加は、資金提供という金融サービスの視点から考えて将来の企業育成に関して示唆するところは大きい。

ここで特に注目したいのは、寄付型や購入型と言われるものである。CF全体から見れば、寄付型は0・4%、購入型は5・9%と占める割合は小さい（図表4–9）。しかし、個人による直接金融の胎動ともいえるこの動きは、決して無視できるものではない。

購入型CFは、資金を提供してくれた投資家に対して自社の商品やサービスを提供するものだ。このCFのメリットは、商品やサービスを購入した多くの投資家の生の声を直接聞くことができる点にある。この点は銀行融資とは大きく異なる。そもそも、CFの対象としては事業実績のない企業がかなりある。既述の通り銀行融資を提供してもらうためには最低でも3期前の決算報告などの資料が必要だ。しかし、CFならばそのような資料は不要だ。

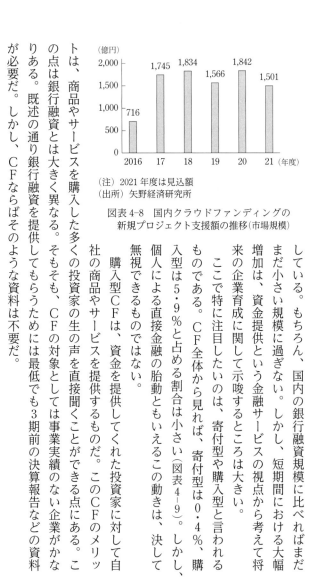

まったく新しい何かを起こしたい、何かを始めたいというスタートアップ企業にとってＣＦは〝地獄で仏〟のような存在かもしれない。実績がまったくない状態でも斬新な想像力や行動力があり、それを投資家（主に個人投資家）にアピールすることができれば、そしてそのアピールを投資家が受け入れる可能性が存在すれば、さほど大きな金額でない限り、比較的スムーズに資金調達が可能になる。

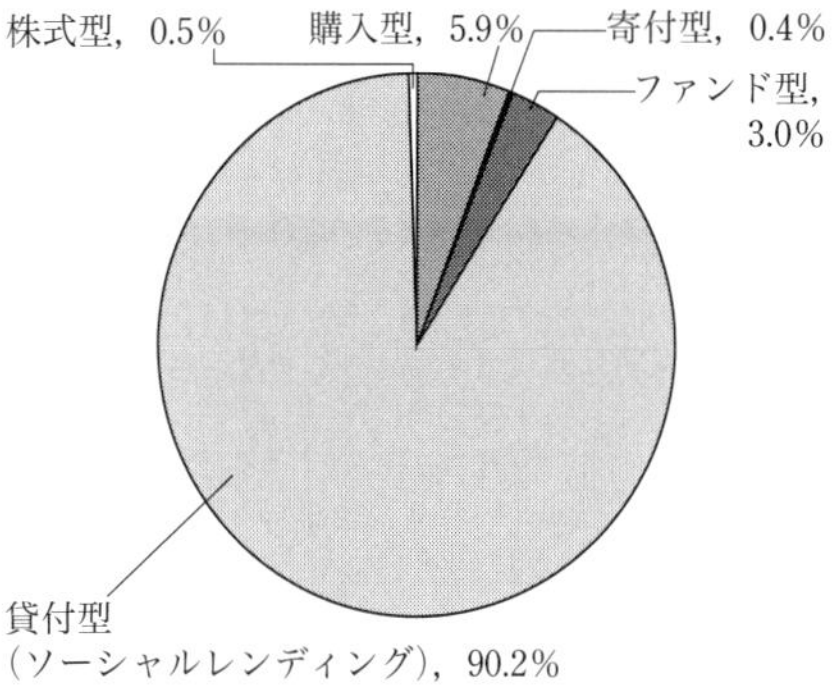

2017年度市場規模：1,700億5,800万円

（注）年間の新規プロジェクト支援額ベース
（出所）矢野経済研究所

図表4–9　国内クラウドファンディングにおける類型別構成比（2017年度）

個人投資家は、銀行のような財務分析や決算内容の吟味などは行わないし、できないケースが多い。個人投資家にあるのは、応援したいという気持ちである。どんなにアイディアが優れていても、どんなに優秀な人材がいても、スタートアップ企業が銀行から融資を受けることは実際には極めて難しい。しかし、購入型ＣＦは、挑戦したいという起業家がいて、応援したいという個人投資家がそれに呼応すれば、資金調達が可能になる。

従来の金融論の教科書では、銀行は圧倒的な情報を保有しているのに対し、個人は情報が圧倒的に少なく、両者の間には情報の量において格段の差があり、それが企業への資金供給において大きな壁となっていると説明されてきた。いわゆる〝情報の非対称性〟問題である。

購入型ＣＦは情報格差の壁を越えたわけではない。スタートアップの企業に関して言えば、銀行も個人も情報に格段の差があるわけではない。むしろ、情報の壁を個人投資家の〝応援〟という気持ちが乗り越えたと言えば、言い過ぎだろうか。そもそも、購入型ＣＦで資金を提供したいと思っている個人投資家は、投資で儲けることを想定していないはずだ。

購入型ＣＦは今後拡大していくと思われるが、これが成長することの意味は大きい。新しいビジネスに取り組みたいと思っている人は、大都市、地方都市問わず、かつ老若男女を問わず予想以上に多数いるからだ。このような人たちが地方創生の起爆剤になるかもしれない。

実際、ＣＦのプラットフォームの一つである「ミュージックセキュリティーズ」のホームページを確認すると、実に様々な事業並びに企業が顔を出している。

例えば、２０２０年６月末の同社のホームページをみると、地元の食材を用いたレストランや京都大学初の医療ファンド、再建途上の旅館の新施設を建設するための事業、太陽光発電や水力発電、スマートシティを構築するための事業など、実に多様な事案が掲載されている。各事業には、応募1口当たりの金額や募集金額、募集期間などが明記されており、プロジェクトの概要も詳細に開示されている。また、中には地元の金融機関と連携したプロジェクトもあり、まさに多士済々といった感がある。事業者には出身地の地方再生を願ってビジネスを起こしたものや、伝統工芸の継続を図って資金調達を行おうとするものもいる。

現状は、金額的には大した規模ではないかもしれない。しかし、これらのプロジェクトが地方を支え、ひいては日本を支えることを考慮すれば、CFが極めて重要であることは論をまたないであろう。何より、これらスタートアップ企業の資金調達はこれまで銀行がまったく触れてこなかった分野であり、リスクが高いと判断して避けてきた分野である。

金融機関の中にはスタートアップ企業に対してCFでの資金調達を紹介し、軌道に乗せようとするところもある。これは金融機関がリスク負担を避けているためではないか、という穿った見方もできるが、スタートアップ企業にとっては、金融機関が何も動かないよりは遙かに有意義であるだろう。

あくまでも仮定の話だが、極端な場合、銀行をまったく経由しないで、企業が成長するケースもあるかもしれない。CFで成長し、大きくなったところで上場、その後は株式や社債で資金調達を行うケースも考えられる。

あるいは、ＣＦでビジネスを起動させ、ある程度企業が大きくなったところで、企業そのものを他の企業に売却するケースも考えられる。さらに売却した資金で新たなビジネスを起こすことも考えられる。その場合、売却資金が大きければ大きいほど次のビジネスのステップアップにつながり、銀行をまったく経由しないで新しいビジネスを起こすことも可能になる。ＣＦの市場規模が拡大すればするほど、銀行を経由しない資金調達の動きが高まることに繋がるかもしれない。

ＣＦの拡大は、個人が直接企業に資金提供する直接金融への道の拡がりを意味するものと言えそうだ。その意味では、これからの地域経済の活性化のカギは個人が握っているのかもしれない。金融機関ではなく、個人が金融サービスのカギを握ることになる可能性もある。

オンライン融資

融資面での大きな変化として、日常のネット取引を通じた資金提供（短期融資）サービスがあげられる。具体的には、アマゾンや楽天、イオン、ヤフーなどが行うオンライン融資サービスである。

ここでは、アマゾンの例を取り上げてみよう。アマゾンは自らのＥＣモール（インターネット上の仮想商店街）の出店者に対し、最短で即日融資という金融サービスを提供している。このサービスの最大のメリットは、出展者が資金を要求した時に即座に資金調達できることである。

例えば、アマゾンのECモールの出店者が、今後売れそうな商品の見込みをつけて、その商品を購入したいと考える。しかし、購入するには自らの資金が足りない。そのような状況の時に、アマゾンが短期間のうちに融資してくれるという。「アマゾン・レンディング」と呼ばれるこのサービスの何が画期的なのか。

例えば、仮にこの事業者が銀行に新規融資を申し込む場合、既に述べたように最低でも3期分（3年分）の決算報告書を提出、さらに銀行が求める膨大な量の様々な書類（借入申込書や今後の決算見込み、事業計画書など）を提出したうえで、銀行の審査を受ける。事業者が様々な手間暇をかけて書類を作成しても、銀行の審査には3週間から1か月程度かかる。これでは、事業者が必要な時に必要な資金を調達することは難しい。

では、なぜアマゾンは迅速な対応が可能なのか。アマゾンなどECモール事業者は、日々の取引が記録されているモール出店者の取引履歴を活用する。出店者の日々のデータから売上や利益、成長性、顧客からの出店者に対する評価も把握できる。このようなデータから出店者に対する最大融資額やローンの金利までを自動計算する仕組みが構築されており、これが迅速な

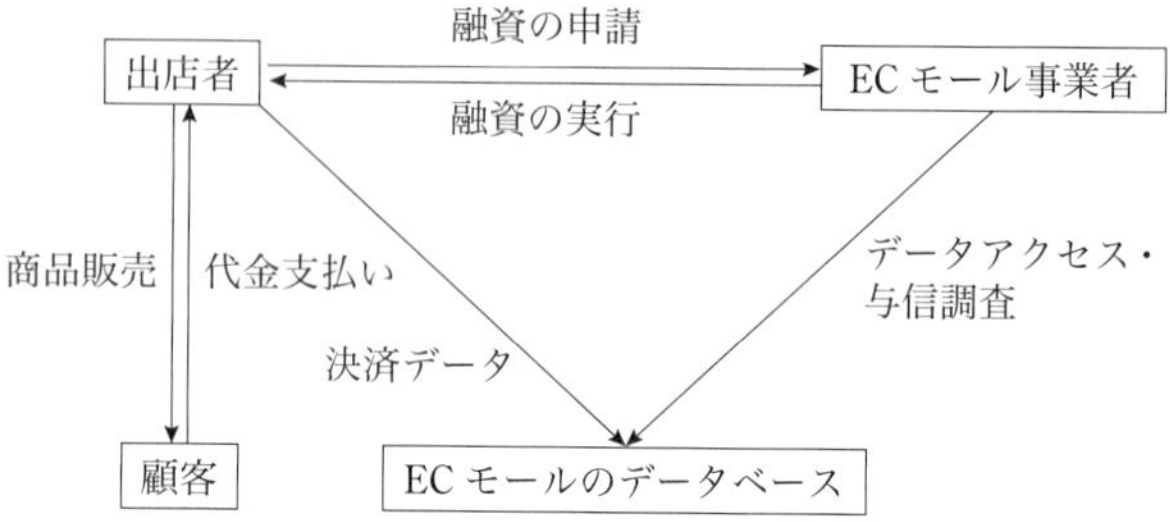

（筆者作成）

図表4-10　オンライン融資サービスの概要

融資を可能にしている（図表4-10参照）。

ここで、銀行の融資手法の問題点について述べてみたい。銀行が融資対象に要求する様々な決算資料は、すべて過去のデータだ。過去の延長線上に未来があるわけではない。出店者の過去の決算から未来を見通すこともできないだろう。これに対してオンライン融資の手法は、出店者の日々の取引データから、直近の状況を把握し、出店者の営業状況や資金繰りを把握したうえで、信用力の推移をデータベースから推測している。まさに足下の状況から出店者の現状と近未来の信用力を判断していることになる。従って、銀行融資のように、出店者は多くの資料やデータをアマゾンに提出する必要はまったくない。アマゾンは、あくまでも日々の取引から融資判断を行っているだけだ。

アマゾンモールの場合、売上の資金回収が早く、10日に1回入金される。また、売上と在庫を同時に管理しているため、アマゾンは在庫が切れるタイミングを容易に把握することができる。これにより運転資金が必要な時期や、運転資金として必要な金額を把握することが可能になる。

店舗に対する評価も重要な指標になる。評価が高くなればなるほど店舗に対する信用が高まり、売上も増加する。アマゾンの店舗評価は5段階で行われるが、4を超えると売上も増えていくようだ。モールで買い物をする消費者も、店舗に対する評価を参考にすることが多いからだ。アマゾン側からは、評価の高い店舗、評価が上昇している店舗は将来的に売上が増加する可能性が高いと推測することができる。

アマゾン・レンディングはアマゾンモールの出店者の売上から返済金が差し引かれる仕組みになっており、アマゾンは貸付金を確実に回収することができる。なお、出店者の期限前返済における手数料は無料である。

オンライン融資サービスは、様々な事業者によって行われている（図表4-11）。事業者により融資額や貸付金利、融資までの手続き期間などに若干の差はあるが、いずれも共通点は金利の高さと融資の迅速性だ。

図表 4-11　オンライン融資の比較

企業名	アマゾン	楽　天	ヤフー
サービス名	アマゾン・レンディング	楽天スーパービジネスローンエクスプレス	ビジネスローン
対象者	EC モール出店者	楽店モール出店者の一部	ヤフオク出店者
融資額	10～5,000 万円	50～1,500 万円	50～1,000 万円
金利(%)	9.9～13.9	3～14.5	3.9～8.2
手続き期間	最短即日	最短翌営業日	最短翌営業日
貸付期間	3 か月か 6 か月	1 か月～3 年	3 か月～12 か月
サービス開始	2014 年	2015 年	2015 年

（出所）各社ホームページ

メリットとデメリット

アマゾン・レンディングをはじめとするオンライン融資は、金利が高いと思うかもしれない。ただ、融資が極めて短期であることを踏まえれば、金利負担はさほど重くはない。また、必要な時に必要な資金が調達できるメリットは、何物にも代えがたいものである。

ＥＣモールに出店している業者は、極めて流行に敏感である。例えば、特定の健康食品が売れそうだと推測される場合、是が非でも、一刻も早くその商品を仕入れたいと思うはずだ。このような時に、資金が融資されるまで3週間から1か月もかかっていては手遅れになってしまう。融資の迅速性を優先し、資金を調達することによって利益が得られるのであれば、出店者にとって金利の高さはさほど気にすることではない。オンライン融資は、業者の必要性に対応したものと言える。
何より重要な点は、ＥＣモールの中での売上や在庫などの情報で融資が実行される点である。売上や在庫などのデータはアマゾンや楽天などのＥＣモール事業者によって正確に把握されている。従って、出店者の売上や在庫の規模に基づいた融資が行われることになる。もちろん、出店者の売上規模や在庫などの水準が大きくなればなるほど、オンライン融資の金額（与信額）も以前よりは大きくなる。

銀行融資の場合、銀行が企業全体の売上や利益、財務データなどを通じて信用調査を行い、融資の可否を判断する。企業の中には銀行から融資を受けるために虚偽の決算報告を提出するところもあるかもしれない。一方、ＥＣモールでは、まさにモールの中という、業者が行う業務の一部分だけを切り取って短期資金融資の可否の判断を行う。モールの中の数字に嘘はない。ここにオンライン融資の迅速性のカギがある。銀行の盲点を突いた融資と言える。

一方で、オンライン融資は長期の設備資金には対応できないというデメリットがある。しかし、元来オンライン融資は出店業者の短期資金ニーズに対応するためのものである。デメリットというほどのものではない、と言える。

スマホ決済（QRコード決済）

資金決済機能が銀行だけのものではないことを知らしめたのが、スマホ決済だ。日本は今、政府が主体となってキャッシュレス決済比率を高めることを目指している。新型コロナ以前に見られた外国人観光客の増加、その外国人が現金決済ではなく、カードやスマホでの決済を行っていること、さらには今後の外国人観光客の増加に対応するためにも、キャッシュレス対応を急いでいる。また、キャッシュレス決済は、現金を持ち歩くことなく決済ができることから盗難などの危険性が少なく、安全性に優れている。このような観点からもスマホ決済が徐々に増えている。

日本でのスマホ決済は２０１４年12月のラインペイによってスタートした。消費に占めるスマホ決済の比率は経済産業省「キャッシュレスの現状及び意義」によれば、19年で０・31％と決して高くはないが、スマホ決済会社は顧客を取り込もうとしのぎを削っている。スマホ決済は、銀行に大きなインパクトを与える可能性が高いからだ。

スマホ決済の支払い方法は複数あるが、利用者が自らの銀行口座を登録し、その口座からスマホの決済口座にお金を移す（チャージ）ことによって支払うケースが多い。決済会社は顧客が資金を移動（チャージ）するたびに銀行に対して振込手数料を支払う。２０１９年春、この振込手数料を大手銀行が値上げしようとした。決済会社はこれに対して大きく反発、公正取引委員会が実態調査に乗り出したという経緯がある。決済会社からみれば、これは銀行の〝優越的地位の濫用〟に当たるというのだ。〝優越的地位の濫用〟とは、取引上優越的地位にあるものが、取引先に対して不当な不利益を与える行為のことを指している。この場合、銀行口座の存在がなければスマホ決済ができないことから、決済会社からすれば、銀行は〝優越的地位の濫用〟を行ったと考えたのであろう。

なぜ、銀行は振込手数料を引き上げようとしたのか。実は、ここに銀行の決済機能をめぐる様々な思惑があるようだ。

給与の支払いという点から眺めてみよう。労働基準法は、従業員への給与の支払いは現金と定めている。口座振込は例外的に認められているだけである。しかし、２０２１年度以降、政府は同法を改正し、スマホ決済用のアプリへの給与振込を認める方向性を打ち出している。ちなみに、フリーランスや副業など、正社員ではない人の報酬の受け取りは労働基準法の対象外であるため、決済用アプリへの給与振込はすでに認められている。アプリへの振込が認められるということは、銀行の口座を経由することなく資金が動くことを意味する。

現状ではアプリにお金をチャージするときには、決済会社は銀行に手数料を支払うことになっている。アプリに直接電子マネーや、あるいは将来的には暗号通貨などでの振込が可能になると、銀行口座からアプリへの資金チャージも不必要となり、銀行に支払う手数料も不要となる。銀行にとって給与振込口座は顧客との重要な接点だ。それが、もし、なくなったら……。銀行にとっては給与振込口座があることによって、住宅ローンや資産運用のための金融商品の紹介が行えるわけである。

決済機能や銀行口座は、銀行にとって顧客の資産状況を把握できるのみならず、銀行の様々なビジネスにつなげる役割を果たしている。銀行にとってはまさに金城湯池であった。しかし、その牙城が崩れようとしている。

決済会社の立場から考えれば、決済用のアプリを用いてこれまで銀行が行ってきたような様々なビジネスを顧客に展開することが可能になる。個人に対しては、住宅ローンや資金運用などの金融サービスの提供も可能になるであろう。このアプリを一般企業が利用した場合、企業の資金の出し入れを把握することによって、取引先企業の入出金額や資金繰りの把握が可能になり、融資ビジネスに結び付けることができる。先に述べたような、オンライン融資も可能になる。そうなると、銀行のローンビジネスに大きな影響を与えることは間違いない。

対個人顧客に対しても、オンライン融資を行う可能性は高いが、その際、注意すべきは個人の借りすぎだ。ＡＩなどを用いて、借りすぎないような仕組みを作ることも検討する必要がある。決済用アプリは便利だが、デメリットもあることに留意すべきである。

銀行の将来性という視点から、新しい金融サービスは、どのような影響を与えるであろうか。また、今後登場すると予想される新金融サービスにはどのようなものがあるだろうか。これまで登場した新金融サービスは、銀行が予想もしなかったものだ。新金融サービス提供者は銀行から見れば侵入者だが、利用者から見ればメリットをもたらすイノベーター（技術革新者）に該当するはずだ。

今後は、銀行とネット系企業であるイノベーターのせめぎ合いが続くことが容易に予想される。

第5章
銀行は、これから

前章で見たように、新しい金融サービスが次々と登場している。しかも、新金融サービスは銀行以外のＩＴ企業などから生まれている。果たして、銀行は利用者に満足感を与え、かつ自らの利益に結びつけることのできるような革新的な金融サービスを提供できるだけの基盤や可能性があるのであろうか。

本章では、銀行が現在どのような状況に置かれているかについて指摘した上で、銀行が将来的に利便性の高い金融サービスを提供できる体制を構築できるか否かについて考える。

1　銀行を取り巻く環境

銀行の人材難時代が到来？

銀行は収益が低下すると、利益を回復させようと躍起になる。しかし、２０１６年2月から実施された日銀のマイナス金利政策もあって、収益がなかなか向上しない。このような状況を

図表5-1　就職でもっとも敬遠したい業界

2019年3月卒業者

文系	理系
1　メガバンク，信託銀行	1　外食
2　外食	2　メガバンク，信託銀行
3　地方銀行，信用金庫	3　外資系金融
4　外資系金融	4　生命保険，損害保険
4　生命保険，損害保険	5　地方銀行，信用金庫
4　医療，福祉，その他	6　建設，住宅，不動産

2022年3月卒業者

文系	理系
1　外食	1　ホテル，旅行
2　メガバンク，信託銀行	2　外食
3　医療，福祉，その他	3　人材，教育
4　地方銀行，信用金庫	4　メガバンク，信託銀行
5　鉄鋼	5　地方銀行，信用金庫

（出所）HR総研アンケート調査

察してか、あるいは銀行の将来性に対する悲観的な見方が増えてきたためか、大学新卒の間では就職先として銀行の不人気ぶりが浮かび上がってきた。

かつて学生の就職対象の人気企業として常に上位にランク入りしていた銀行業界であったが、HR総研が2022年3月大学卒業予定者に対して行ったアンケート「就職で最も敬遠したい業界」では、文系でメガバンク・信託銀行が2位、地方銀行・信用金庫が4位、理系でも4位にメガバンク・信託銀行、

5位に地方銀行・信金がランクインしている(図表5−1参照)。

銀行は安定性があり、給与も高いということで、就職人気が高かった。ただ、最近では以前とは様相がかなり異なっているようだ。大学新卒が銀行への就職を希望しない、就職説明会を開催しても人が集まらない銀行もあるという。

一般的に地方銀行は、その地方出身者の就職先として優越的な地位を保っていた。しかし、地方銀行に就職を希望する大学生が減少している。

その第一の要因は、地方銀行の経営が危うくなっていることだ。地方銀行は2018年末時点で105行(第二地方銀行を含めた数)存在する。その半分の52銀行が2期(2016〜17年度)以上にわたって連続で本業の損益(営業損益)が赤字になった。さらに約4分の1に当たる23銀行は5期以上赤字だ。本業は赤字なのだが、有価証券の運用益などで何とか穴埋めしているといった状態だ。特に人口が減少している地方の銀行ほど、この状況が顕著なようだ。

第二の要因は、地方銀行の魅力そのものが低下していることだ。大学生は企業の将来性を重視する。人口減少が続く地方においては、将来性は見込めないと判断するのは極めて当然かもしれない。しかし、それだけではない。

今、金融の世界ではフィンテックやAIなど、かなり高度な技術を用いた融資や資産運用などの金融サービスが開発されている。地方銀行はこの面でも出遅れている。大学生は様々な手段で情報を手に入れて、地方銀行に魅力を感じていないのだ。

第三の要因は、競争激化だ。銀行の主要業務は預金、貸出や有価証券などを含めた資金運用、決済(送金)だ。しかし、預金を除いて、貸出、決済などの機能については銀行以外の様々なインターネット系企業が参入し始めている。特に、ネット系企業は全国規模の企業が圧倒的に多い。この面でも地方銀行は劣勢に立たされている。競争を勝ち抜く可能性が感じられないのだ。

高い離職率

大学生が銀行に就職したとしても新たな問題が発生する。銀行員の離職率が高いのだ。これは地方銀行だけの話ではない。メガバンクでも同様な状況が発生している。正確な統計はないが、入行してから３年以内に２割から３割が辞めていく。また、メガバンクでは入行してから約４割が30歳までに辞めていくとのことだ。

実は新卒で銀行に就職した彼らを待っているのは、「こんなはずじゃなかった」という失望だ。銀行に就職する学生の志望理由は様々であろうが、企業融資を行うことによって地域経済、ひいては日本経済全体を支えたいという意欲を持っている人が多い。しかし、意欲的な気持ちを持って銀行に就職しても、裏切られることが結構多い。例えば、支援したい中小企業への融資を上司に止められたり、金融商品販売のノルマにより精神的重圧がかかりすぎるなどの事例があげられる。

メガバンクに入行後2~3年以内で辞めた人に対して、彼らは銀行に元々不適合だったのではないか、という意見を持つ人もいるだろう。しかし、筆者がヒアリングを行った方々を見る限り、不適合という表現は適切ではなく、銀行に対する失望の色合いが濃いように思えた。自らが勤める銀行の現状や未来に希望を持てないというのだ。せっかく有望な人材を採用しても、これでは宝の持ち腐れ、いや、宝を捨てているのと同じだ。

メガバンクや地方銀行の離職率の高さは、将来的には銀行経営や戦略にボディーブローのように効いてくるのではないか。それは、金融サービスの提供という面でもマイナスの影響を与えるはずだ。

ノルマを廃止しても

『日本経済新聞』2019年4月24日付朝刊に「三井住友銀、ノルマ廃止」という記事が掲載された。これによれば、ノルマを達成していない行員への重圧を緩和し、若手人材の流出を防ぐため、行員への目標金額の割り振りを禁止し、顧客資産の増加、すなわち預金や投資信託、保険などの預かり資産の増加を重視するというのだ。このような姿勢転換で、果たして銀行は顧客からの信頼が得られ、また人材の流出に歯止めをかけることができるのか。この問いに対して、以下の視点から考えてみたい。

第一は、顧客資産の増加を重視するということは、顧客資産の増加率が高ければ高いほど評価されることを意味している。その結果、ノルマがなくなっても、投資信託や保険などのリスク性資産の強引な販売はなくならない可能性が高い。預かり資産が減少すれば所属する支店や行員個人に対する低評価に直結するからである。つまりノルマはなくなっても、顧客に対する販売圧力が弱くなるわけではない。

第二は、実際に、あるメガバンクで起こったことだが、ノルマをなくしたために顧客の預かり資産残高が減少したというのだ。その理由は、銀行員が顧客と面会すると、顧客は利益の確定を狙って投資信託の売り注文を多く出す。結果として預かり資産残高は減少することが多くなる。支店や行員の評価も当然低くなる。

第三は、これまで顧客に販売した投資信託の運用実績が芳しくないため（実際銀行が販売した投資信託については、２０１８年半ばから19年半ばまでの1年間で運用利回りがマイナスのものが約5

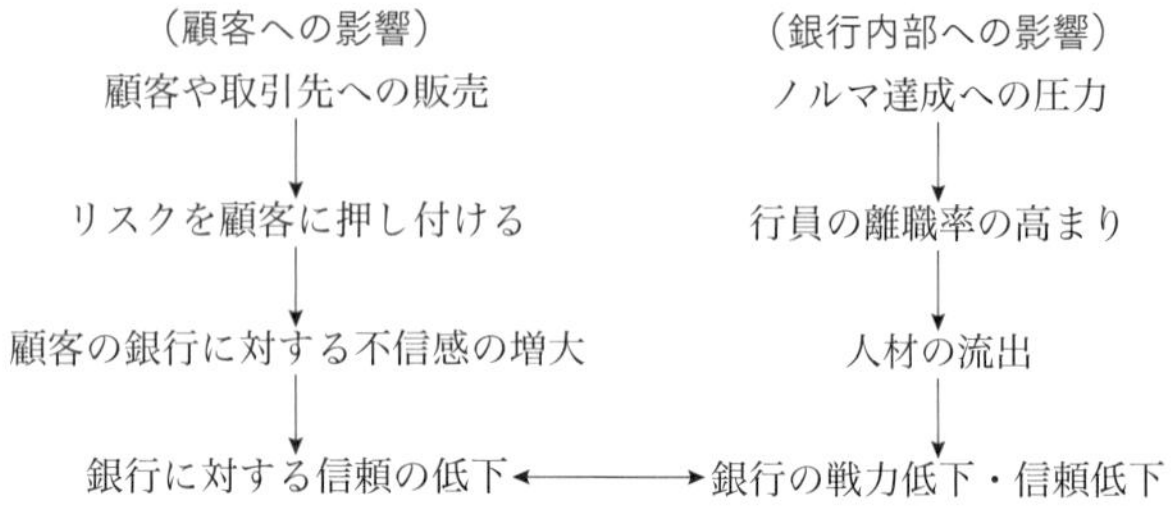

図表 5–2　金融商品販売の影響

割）、顧客は投資信託に売り注文を出したのち、新たな投資信託の販売を勧誘しても購入意欲を示さないという。

　銀行がこれまで注力してきた投資信託や保険などの金融商品の販売は、銀行に対してどのような影響を与えただろうか。それを示したのが図表5−2だ。結局、金融商品の無理な販売が銀行に対する信頼の低下を招き、ひいては離職率の上昇・戦力の低下を招いただけではなかったか。銀行は、果たしてそれに気づいているのだろうか。「顧客あっての銀行」という土台そのものが崩壊している。

　利益至上主義的側面から金融商品の販売を続ける限り、銀行は顧客からも見放され、あるいは銀行内部からも弱体化が進んでいくのではないか。そろそろ、従来のような手数料稼ぎのための金融商品販売から、顧客との信頼関係の上に成り立つ銀行になるための、より長期的な関係性の構築に軸足を移す必要があるのではないか。

2　合併・統合の顧客への影響

合併・統合の姿

メガバンクも地方銀行も、銀行業の将来像に関して危機感は共有しているようだ。周知のように、メガバンクはかつての都市銀行による相次ぐ合併の結果、三つのＭ（三菱ＵＦＪ銀行、三井住友銀行、みずほ銀行）に集約されている。一方、地方銀行も合併や経営統合（持株会社化）が相次いでいる。金融庁も地方銀行の弱体化を見越して、合併や統合を後押ししている。特に２０１０年以降、同じ県内のみならず、都道府県の枠を超えた合併や経営統合が継続的に行われている（次頁図表5－3参照）。

地方銀行の合併・統合に際してその理由を確認すると、以下の要因を掲げる経営者が多い。

① 人口減少が進む中で、地方銀行として生き残るために経営規模を大きくする必要がある。
② 合併や経営統合により営業基盤拡大、融資ノウハウの拡充、本部機能の効率化が図られる。
③ 近年、隣接する県の攻勢が強まっており、銀行としても競争力を身につける必要がある。

また、顧客に対して満足度の高い金融サービスを提供する必要がある。

図表 5-3　地方銀行の合併・持株会社化(2004～19 年)

年月	名称	形態	対象銀行(銀行名と本店所在都道府県)
2004.9	ほくほく FG	統合	北陸(富山), 北海道(北海道)
'06.10	山口 FG	統合	山口(山口), 北九州(福岡), もみじ(広島)
'06.10	紀陽銀行	合併	紀陽(和歌山), 和歌山(和歌山)
'09.10	フィデア HD	統合	北都(秋田), 荘内(山形)
'10.3	筑波銀行	合併	関東つくば(茨城), 茨城(茨城)
'12.9	十六銀行	合併	十六(岐阜), 岐阜(岐阜)
'12.10	じもと HD	統合	きらやか(山形), 仙台(宮城)
'15.10	九州 FG	統合	肥後(熊本), 鹿児島(鹿児島)
'16.4	トモニ HD	統合	徳島(徳島), 香川(香川), 大正(大阪)
'16.4	コンコル FG	統合	横浜(神奈川), 東日本(東京)
'16.10	めぶき FG	統合	常陽(茨城), 足利(栃木)
'16.10	西日本 FHD	統合	西日本シティ(福岡), 長崎(長崎)
'19.4	ふくおか FG	統合	福岡(福岡), 十八(長崎), 親和(長崎), 熊本(熊本)

(出所) 全国銀行協会連合会「銀行合併図」
(注) FG：フィナンシャルグループ, HD：ホールディングス, FHD：フィナンシャルホールディングス, コンコル FG：コンコルディア FG

地方銀行は自らの合併・経営統合に関してプラスの側面を殊更に強調する。しかし、果たしてプラス面のみなのか。銀行側のみならず、企業や個人の立場から合併・統合のメリット・デメリットを考察してみたい。

合併・統合は地域にとってプラスか

銀行の合併・統合は一見すると、競争力をつけるように見えるかもしれない。しかし、それは単に競争相手を少なくしたからである。企業側からすれば、融資に当たって交渉する銀行が減少することを意味する。合併などが行われる以前であれば、A銀行に融資を頼んで断られたとしても、B銀行に融資を頼めば融資してくれる可能性があったわけであり、実際そのようなケースが散見された。

しかし、合併・統合が進展した場合、銀行経営の健全性の観点から融資に否定的な判断の方が優先される。これは企業の成長の可能性の芽を摘むという意味でも、極めて由々しき問題である。まして、地方にとっては雇用面、所得面、税収面でも中小企業の存在感は大きいため、地域経済にとっては死活問題となる。

個人顧客にとっても同様のことが指摘できる。例えば、個人が住宅ローンを借り入れるケースを考えてみよう。合併・統合以前であれば、複数の銀行を比べて、顧客にとって有利と思われるローン条件（金利や借入期間、返済条件など）を選択すればよい。しかし、合併等によって選択肢は間違いなく減少する。その結果、より高い金利のローンを借りざるを得ないかもしれない。当然、顧客満足度が低下する可能性が高い。もちろん、合併等によって金融サービスの質が向上すれば問題はないかもしれないが……。

合併や統合によるマイナス面は、支店の統廃合に及ぶことは想像に難くない。実際、都市銀行同士の合併によってメガバンクに収斂される過程では支店の統廃合が進んだ。ただし、都市部の場合には二つあった店舗が一つになるなどの形であるため、支店はまだ残っているケースが多い。住民にとって切実なのは、地方銀行などの村や町の支店だ。効率化の名の下、たった一つあった支店が廃止されるなどの例は多い。山陰のある町では、地方銀行の支店が廃止になることを受けて、町の指定金融機関であったその地方銀行から町役場が預金をすべて引き揚げた、という事例もある。この例など、合併によって顧客へのサービスは明らかに低下していると言えるのではないか。せめて、出張所などのように店舗を縮小する形で残すなどの方法もあったのではないか。あるいは、支店を廃止するならば、ＡＴＭなどを備えた移動資金車を、決められた曜日や時間に配車するという方法もあるはずだ。

合併・統合した銀行が企業や顧客から信頼されないことになれば、地方経済は疲弊する。地方銀行が本来の役割としている、地方経済を支えることに逆行する可能性が高い。地方銀行はその地域にとって欠かせない存在である。銀行は今一度、「顧客本位の業務とは何か」ということを真剣に考え直す必要がある。

合併・統合は地域間統合へ

今後、地方銀行が一層合併・統合へと歩みを進めていくことは疑いがないだろう。しかし、その行きつく先に待っているものとは何だろうか。

図表5–3で見たように、合併・統合は同じ県や県境を接する近隣の都道府県同士で行われているケースが多い。地域において、特に人口減少傾向が強く表れている現実に鑑みると、仮に隣接する銀行同士で合併を行っても、地域そのものが人口減少を避けられないのならば、銀行は生き残りを図るという名目のもと、さらなる合併を進めていくだろう。さらに金融庁もこの動きを後押ししているため、一層合併の動きは加速化するだろう。合併しても銀行経営の不安定性が解消されないため、さらなる合併が模索されるということだ。

つまり、地方という単位を中心にして、銀行が集約されていく構図だ。最終的には、例えば、東北地方で3～4、関東地方で7～8、東海地方で4～5というように2021年8月末時点で100ある地方銀行が大きく集約され、その数が徐々に減少することが予想される。銀行間のみの合併だけではない。信用金庫や信用組合など、多くの金融機関が、まさに合併の嵐に巻き込まれていくはずだ。

さて、合併の嵐は最終的にどのような影響をもたらすであろうか。実はこの点が最大の懸念事項だ。地域において銀行や信用金庫など金融機関の集約化が進んだ場合、果たして、優良な、あるいは画期的な金融サービスが提供され得るのか。単純に考えれば、合併などによって金融機関の集約化が進めば競争は緩和される。

一般的には競争相手が多く存在する場合、競争は激しくなり、提供される商品も研ぎ澄まされていくはずだ。例えば、自動車や冷蔵庫、電子レンジなどの工業製品や電化製品は競争が激しさを増すことによって製品の質が高度化し、洗練されていく。消費者の満足度も高まっていく。しかし、金融業界では現状ですら消費者にとって優良な金融サービスが提供されているとはいいがたい。そのため、金融機関の集約化が進んだ場合、優良な金融商品や金融サービスが提供されるとは想像しがたい。

銀行は今後ますますコスト削減へ懸命に取り組むであろう。ATMなどの設置台数や店舗数も少なくなっていくだろう。ネット取引やスマホでの取引が多くなれば、それは高齢者を置き去りにしていくことを意味する。コスト削減を優先し、利用者が劣後に置かれる懸念が高まる。

多くの高齢者にとってスマホやネットなどを使いこなすことは易しいことではない。しかし、金融資産の約６割は65歳以上の高齢者が保有している。銀行にとって高齢者は資産運用サービスなどの面で大切な顧客だ。それゆえ、高額な資産を保有する高齢者に対して、銀行は資産運用サービスなどの業務をより一層強化するであろう。しかし、その分野で高齢者に対して満足のいくサービスが届けられる保証はない。

独自のビジネスモデルを模索する金融機関も

信用金庫や信用組合などの中には、独自のビジネスモデルを構築し、独自路線を歩もうとする金融機関も存在する。

重要な点は、統合や合併を行わないと本当に生き残ることができないのか、という点だ。元来、金融サービスの質を高めることができれば、合併や統合をする必然性もない。何より疑問なのは、合併などの大義名分に経営の安定性を掲げている銀行が多いことである。つまり、金融サービスの質の向上よりも、自らの経営の安定性を優先している。経営の安定性を強調し、達成したいのであれば、利用者から支持・歓迎されるような金融サービスを提供することが先決であろう。利用者から支持されれば、金融機関への信頼が高まり、利用されるようになり、それが経営の安定化に繫がるのではないだろうか。この点が、金融機関には決定的に欠けている。

次章以降では個人や企業に寄り添った金融サービスとはいかなるものか、について考察してみたい。

第6章

個人向け金融サービスの未来

個人は銀行に預金を行い、住宅ローン等の借入も行う。また、資産運用などでも銀行を利用する人は多いであろう。

しかし、個人が銀行の提供する金融サービスに関して高い満足度を得られているかというと、必ずしも肯定的な意見ばかりではない。また、気づかないところで、それも、本来であれば必要がないところでコスト負担をしている例も散見される。

本章では、以上のような点を踏まえて〝あるべき金融サービス〟の視点から、フィンテックに対する考え方を提示した上で、個人のための金融サービスについて考察し、さらには未来の金融サービスについても言及していく。

1　資産運用上の課題

個人に対する金融サービスで最大の要は資産運用であろう。金融機関も資産運用業務には力を入れてはいるが、真の意味で個人の利益になるような資産運用サービスを提供できているかと言えば、実は極めてお寒い状態と言わざるを得ない。

資産運用サービスは、老後の生活を考えたときには避けては通れない課題だ。まず、この点について考えるため、年金問題から取り上げてみたい。

年金問題と資産運用サービス

２０１９年6月3日に公表された金融庁の「金融審議会　市場ワーキング・グループ報告書」が大きな話題をさらった。その理由は、年金だけでは老後の生活資金が不足し、年金を受け取るまでには２０００万円の資金を蓄えておく必要がある、というものだったからである。これに対して多くの一般市民からは、「年金だけでは生活できないのか」あるいは「２０００万円なんてお金、貯められるわけないだろう！」などの批判が巻き起こった。この問題はいったん立ち止まって、冷静に考えてみる必要がある。

議論を正確に行うために、本報告書の21ページにある「2. 基本的な視点及び考え方」を確認してみよう。そこには、以下のような記述がある。

夫65歳以上、妻60歳以上の夫婦のみの無職の世帯では毎月の不足額の平均は約5万円であり、まだ20~30年の人生があるとすれば、不足額の総額は単純計算で1300~2000万円になる。この金額はあくまで平均の不足額から導きだしたものであり、不足額は各々の収入・支出の状況やライフスタイル等によって大きく異なる。当然不足しない場合もありうるが、これまでより長く生きる以上、いずれにせよ今までより多くのお金が必要となり、長く生きることに応じて資産寿命を延ばすことが必要になってくるものと考えられる。重要なことは、長寿化の進展も踏まえて、年齢別、男女別の平均余命などを参考にしたうえで、老後の生活において公的年金以外で賄わなければいけない金額がどの程度になるか、考えてみることである。

上記で述べられていることは至極当然のことである。老後の生活において重要なことは、それぞれの個人が自分で年金に関わる数字を確認してみることだ。自分が得られるであろう年金(公的年金や私的年金の合計金額)はいくらになるのか、一方、支出はいくらになるのか。普通の生活費だけを考慮に入れるのではなく、例えば旅行に行く費用や趣味の費用、さらには病気などに対する備えや、冷蔵庫やテレビなどの電気製品の買い換えなども含めて考えておく必要があるだろう。このように鳥瞰図的な視点から老後の生活をとらえる必要がある。

そもそも、人々は自分が受け取る年金の水準を把握しているであろうか。あるいは、自分たちの毎月や毎年の生活費がいくらであるか、しっかりと認識している人がどれくらいいるであろうか。自分で確かめることもなく、役所が公開した(それも役所の報告書をまったく見ないで新聞記事などの)数字を鵜呑みにすることは意味がない。まずは、原典の確認が必要である。そのうえで、老後の生活のために必要な資金はいくらなのか、あるいは現状の貯蓄で足りるのか足りないのか、などを自分で計算することが必要だ。

老後の生活の予測を人任せにすることは、まったく意味がないということを理解するべきであろう。個人が資産運用を行う場合、自らの年金収入や支出等の金額の確認を行う必要がある。ちなみに、受け取る年金額などは、日本年金機構のホームページにアクセスし、必要事項(現状の年金加入条件)を入力すると、簡単に確認することができる。

老後の生活資金に不安がある人々にとって、資産運用は重要項目だ。多くの人々は資産運用に関しては素人であるし、金融商品の仕組みを聞いても、「よく分からない」と答える人が多いのではないか。しかし、「分からない」では自らが困ることになる。金融サービスを受ける

図表 6–1　銀行の代表的な退職金運用プラン

（2021 年 9 月時点）

銀行名	プラン名	投資運用対象	定期預金預入期間	金利（%）
みずほ銀行	みずほマネープランセット	投信 50% 以上	3 か月	300 万円未満：3%，300 万円以上：6%
三井住友信託銀行	退職金特別プラン投資運用コース	投信またはファンドラップ 50% 以上	3 か月 1 年	7 1.8
三菱 UFJ 銀行	ウェルカム・セレクション「退職金特典」	投信 50% 以上	3 か月	5

（出所）各銀行ホームページより

個人側にも意識の改革が必要だ。

例えば、メガバンクなどを中心に「退職金運用プラン」なるものがある。2021年9月時点における代表的なプランを図表6―1に表示する。

退職金が銀行口座に入金されると、銀行から様々なアプローチが行われる。上記「退職金運用プラン」も銀行がアプローチを行うための手段の一つだ。これらのプランを金融サービス対象商品として評価してみよう。

上記のプランに共通するのは、投資信託と預金がセットになっていることだ。また、預金金利を見ると、7%などの高い金利が設定されている。ちなみに、通常の定期預金金利は1年物から10年物までメガバンクなどでは0・002%という水準である。この金利を見ると、何やら魅力的なプランに見えてくるのではないだろうか。そこで、次のようなケース設定を行って、この商品の内容を確認してみたい。

今、2000万円を半分ずつ預金と投資信託に分配投資するケースを想定する。まず、預金金利から得られる利息については、もっとも高い7%を採用すると、以下のように計算される。利子課税を考慮しなければ、預金金利7%に伴う利息は17万5000円となる（下の式参照）。

7%という金利は3か月のみに適用されるため、7%を4（3か月は1年の4分の1であるため）で割らねばならない。

一方、投資信託の購入に当たっては、販売手数料や信託報酬（運用手数料）を購入時に支払う。手数料率は両手数料を合わせて2・5〜3%程度と思われる。これはセットになっている投資信託が株式投信など手数料率の高い商品だからである。手数料率の合計を仮に2・5%とする。契約者が支払う、すなわち銀行が受け取る手数料収入は25万円となる。ちなみに3%ならば30万円だ。

上記の計算から明らかなように、このプランは契約者が受け取る利息以上の手数料を支払っている。換言すれば、高い金利は契約者自らが支払う手数料によってまかな

$$預金利息 = \frac{1000万円 \times 7\%}{4} = 17万5000円$$

われていることになる。一見すると、預金金利が魅力的に思えるかもしれないが、退職金の運用に当たっては、見た目の金利の高さに惑わされてはいけないという典型的な事例だ。ただし、投資信託などの運用成果が高い利回りであれば問題はないのだが、この点にも課題が多く存在する。

受託者責任(フィデューシャリーデューティー)の履行

金融機関が顧客に対して投資信託などの金融商品を勧める際に、自社(自社グループ)で組成した投資信託などを勧めることが多い。理由は単純だ。自分たちが組成した投資信託を勧めれば、自ら(あるいは自らのグループ企業)に手数料が入ってくるためだ。しかし、自分たちが組成した投資信託が必ずしも優れた――運用利回りが高い――商品とは限らない。もっと優れた投資信託があるかもしれない。

仮に、A銀行のグループ関連会社が組成した、あまり運用成果が芳しくない投資信託を顧客に対して無理矢理販売し、その投資信託の運用利回りがマイナスになったとしよう。一方、異なるB銀行のグループ関連会社が販売した投資信託の方が運用利回りは高かったとしよう。顧客の立場からすれば、当然B銀行の投資信託の方が好ましいものであったはずであり、銀行もその点は認識していたはずだ。にもかかわらず、銀行は自分たちの利益を優先し、顧客の利益を蔑ろにすることが頻繁に行われてきた。今も行われているかもしれない。

あるいは、金融機関の中にはいまだに自分たちの利益確保のために投資信託に含まれる資産の銘柄を頻繁に入れ替え、株式や債券の売買手数料を得ようとする金融機関もある。これでは、個人の資産は増えない、と言ったら言い過ぎであろうか。

老後の生活において、個々人が年金と老後に至るまでの蓄えで生活していけるのか、それともいけないのか、個々人が自分で計算し、確認する必要がある。年金支給額の範囲内で生活するという判断も、当然あり得る。逆に、蓄えが足りないということであれば、一つの手段として資産運用、例えば投資信託や株式運用などを考える必要があるかもしれない。しかし、そこに大きな落とし穴がある。その落とし穴とは、金融機関の利益優先主義だ。投資信託の中には株や債券の売買を何回も繰り返し、金融機関の手数料稼ぎに貢献しているものも結構あったのだ。

金融機関の利益優先主義に歯止めをかける可能性があるのが、すでに提示した受託者責任という概念だ。資産運用を受託した主体（例えば金融機関）は資産運用を委託した主体（顧客）に対して責任がある。

フィデューシャリーデューティーの概念は、政府の成長戦略「日本再興戦略２０１６」の中の「活力ある金融・資本市場の実現を通じた成長資金の円滑な供給」という項目に明記されている。

資産運用という金融サービスが人々に受け入れられるためには、受託者責任の理念に基づいた運用技術能力の高い人材を育成するしかない。それができない場合には、優れた運用能力を持つ運用会社と提携するか、優れた運用成果を上げている投資信託などの商品を見極める能力を持つ人材を育成するしかない。

行ってはならない運用とは、銀行が自らのグループの利益を優先して系列投資信託会社の商品を紹介することだ。これを避けるためには、公正・公平（フェア）な目で投資商品を判断し、顧客に提供すること、さらには組織全体でその姿勢を貫徹することだ。他社の投資商品であっても、優れた運用成果を実績として残している投資信託商品を優先的に選ぶことだ。それが、真の意味での金融サービスと言える。

2　ＡＩの現実

ＡＩの可能性

いま、大きな流れとして、金融の技術にＡＩ（人工知能）を生かそうとする動きが見られる。一般的にＡＩといえば、自動運転やロボットなどを思い浮かべることができるが、これを金融に活用するとどのようなことが可能だろうか。

例えば、ロボアドバイザーはＡＩを用いているが、ＡＩの行うことに間違いはないという姿勢は禁物だ。ＡＩを用いているからと言って、利用者に対して、好ましい金融サービスを提供できるという保証はないことを肝に銘じる必要がある。

ＡＩとは膨大なデータを与え、アルゴリズム（算法）によって結論（推論）を導き出すシステムである。ＡＩを用いた「アルファ碁」（囲碁を学習したＡＩ）が囲碁のチャンピオンを破ったりしたことで思い出される向きもあるのではないだろうか。アスキーのデジタル用語辞典によれば、「言語の理解や推論、問題解決などの知的行動を人間に代わってコンピューターに行わせる技術」と解説されている。

これまでもコンピュータの機能を利用した金融業務は存在していた。例えば、前述のクレジット・スコアリング・モデル（以下、ＣＳＭと略）は、企業の財務データなど様々なデータを活用して企業の信用力を計算するシステムであり、２０００年代初頭から銀行などの金融機関では頻繁に利用されてきた。しかし、CSMはスタートアップ企業や創業間もない企業、あるいは中小企業などには適用しがたく、モデルの信用性についてはかなりの疑義がもたれていた。ただし、CSMはAIを用いたものではない。単なる計算システムだからだ。

現在、金融機関ではAIを用いたサービスがかなり浸透している。ネット専業銀行であるPayPay銀行は、ネット系企業であるfreee《フリー》と提携することによりクラウド会計情報を利用して融資を実行するというサービスを提供している。その審査判断（融資の可否判断）にはAIが利用され、資金の受け取りや支払いなどの日々の資金繰りを分析することによって無担保無保証の融資が短期間で実行可能になっている。

みずほ銀行はソフトバンクと提携した個人向け融資を行っている。銀行の入出金情報と携帯電話の支払い状況などから個人の信用力を点数化し、個人向け融資を申込から30分以内に実行することを可能にしている。

将来的にAIはどのような形で利用されるのか。あるいは、消費者にとってAIは好ましい形で提供されるのか。つまりAIは、それを用いて様々な金融サービスを提供する金融機関側と、金融機関からサービスを提供される利用者側から見る必要がある。

現時点でのAIブームともいうべき現象は、機械学習（マシン・ラーニング）と、その手法となる深層学習（ディープ・ラーニング）が中心となっている。加えて、ビッグデータの活用が進展したこと、さらにはコンピュータの計算能力が飛躍的に向上したことがＡＩ活用の流れを加速化させている。ビッグデータを活用し、機械学習と深層学習を行うことによってコンピュータが自ら学習し、進化する動きが本格化しているのだ。

ロボアドバイザーは万能ではない

将来的に金融に関連するビッグデータを活用し、自ら学習するＡＩはどのような金融サービスを提供する可能性があるだろうか。

すでに存在しているＡＩを用いた金融サービスとしては、資産運用をサポートするロボットアドバイザー（以下、ロボアド）の存在がある。既述のように、ロボアドとは、ネット上でいくつかの質問、例えば個人の属性やリスクの許容度、運用予定額などの質問に答えると、コンピュータが投資家に合った投資信託を提示し、その中から投資家本人が最終的に選択するというものである。ちなみに、人件費などが削減されるため、手数料なども安くなっている。また、将来的には会話型ロボットが登場し、人間と対話する形でのアドバイスも予想される。

ロボアドは、これからさらに進化することが予想される。例えば、年齢、性別、個人の資産状況や個人の投資指向など、投資家が持っている様々な属性によって投資の方向性は変わるはずだからだ。現状のロボアドは、試行錯誤の段階にあると言える。

男女ともに平均寿命が80歳を超える今、資産運用は極めて大きな意義を持つ。しかしながら、見てきたように日本版ビッグバン以降、銀行や証券会社が顧客に勧めてきた金融商品には多くの問題があった。これから先は、顧客に支持される金融機関のみが生き残っていける時代だ。これまでのような手数料収入を優先する自己本位の金融商品販売では生き延びていくことは難しい。ＡＩによる資産運用は、金融機関の生き残りのための試金石になる可能性が高い。

興味深い調査結果がある。２０１６年にアメリカの金融機関であるウェルズ・ファーゴと大手調査会社ギャラップが共同調査した結果によれば、アメリカでロボアドによる資産運用を実際に利用した顧客は全体の５％しかいなかった。しかし、ロボアドによる資産運用が顧客から信頼が得られるような形になれば軌道に乗るであろうし、さらにいえば、ＡＩによる対話型の資産運用相談が可能になれば、一層ロボアドによる資産運用は浸透していくと考えてもおかしくはない。

対話型の資産運用は、様々な形が考えられる。スマートフォンに話しかける形かもしれないし、あるいは、アマゾンエコーのような機械媒体に話しかける形かもしれない。このような形であれば、銀行や証券会社の窓口に行かなくても、相談が可能だ。その意味では、銀行や証券会社だけでなく、携帯電話の会社やネット関連の企業が参入してくる可能性が高い。資産運用業務は、金融以外の業種の参入によって大競争時代を迎えると予想される。

しかし、気になる点がある。人間はロボアドに全幅の信頼を寄せることができるだろうか。2018年7月から19年6月までの1年間の運用実績を見ると、ロボアドによる運用はその5割がマイナスとなっているという事実が存在する。ちなみに、同期間の日経平均株価指数の変動率はマイナス2・3％であった。つまり、この1年間の株価は若干下がったものの大きな変動はなかったことになる。もちろん、運用は株式のみならず債券でも運用されているのだが、この結果だけを見ると、物足りなさを感じる向きもあるのではないか。ロボアドは過去のデータに基づいて、投資家に適合した運用を提案するのだが、ロボアドが完璧であるという保証はない。

例えば、ロボアドによる運用で利回りがマイナスになった場合、その責任をロボアドに負わせることができるだろうか。「この運用はロボット（AI）が行ったことだから、ロボットが悪い」と顧客に説明することができるだろうか。最終的な責任は、AIを信用した利用者にあるとは言い切れないはずだ。AIを過信することは禁物であり、信用するに足るAIを構築していくための不断の努力が金融機関には求められることになる。

ロボアドバイザーに対する評価基準

ロボアドを用いた資金運用の巧拙を判断するためには、どのような基準が必要になるであろうか。この点は、金融機関も顧客も真剣に吟味しておく必要がある。

例えば、株式投資比率が１００％の投資信託があったとする。日経平均株価指数の上昇率が５％の時、この投資信託の運用利回りが３％ならば、運用としては否定的な評価となる。理由は単純だ。運用利回りが株価上昇率を下回っているからだ。逆に、株価上昇率がマイナス７％の時に運用利回りがマイナス２％ならば、運用は失敗とは言えないだろう。運用利回りが株価上昇率を上回っているからだ。

このような点を考慮すれば、ロボアドによる資金運用の評価を測る物差しは式①のような基準が一つの目安になるのではないか。

ただし、より厳しい判定基準もあるかもしれない。株式の利回りをどのように定義するかで評価は異なってくる。例えば、株式の利回りを単純に株価上昇率と捉えるのであれば、ロボアドによる資金運用の〝弱い〟合格判断基準は、式②のようになるであろう。

これに対して、株式利回りとは配当も含めて考えるべきであるとの立場に立つと、式③のように捉えることができる。この考え方では、ロボアドによる資金運用の〝厳しい〟合格判断基準は、式④のようになるであろう。

この強弱二つの基準を金融機関と投資家の両者が同時に認識すること、並びに資金運用に当たっての共通基準としたうえで、投資家側にこの基準を開示することによって、資産運用についての投資家側・運用側の両者の認識の共通化が図られるはずである。

ロボアドバイザー格付けサービスの可能性

将来的にロボアドによる資金運用が社会に浸透していくか否かは、運用結果にかかっていることには疑いがない。一方で、若者がスマホを自由自在に使いこなすこと、年金問題に関連して老後の生活に不安を抱える人が少なくないことを考慮すると、ロボアドは緩やかにではあるが浸透していく可能性は高いだろう。ただ、

ロボアドの資金運用利回り ＞ 株価変動率
→資金運用手法として及第点………①

ロボアドの資金運用利回り ＞ 株価変動率………②

$$株式利回り = \frac{(株価変動分＋配当)}{取得株価}………③$$

資金運用利回り ＞ 株式利回り………④

図表 6-2　ロボアド格付けのイメージ

業者名	A 社	B 社	C 社
国内投資信託			
公社債	S1	S2	S2
株式	S2	S2	S3
国際(海外)投資信託			
公社債	S1	S2	S2
株式	S3	S1	S2

(注) 記号の意味は，S1 がもっとも評価が高く，S3 がもっとも低い．

ロボアドを使うにしても、ロボアドならどこでもかまわない、という投資家は多くはないはずだ。金融機関のみならず金融機関以外の業者も資産運用業務に参入し競争を繰り広げている現状に鑑みても、選択のための指標は必要となる。

個人投資家にとって選択の指標になり得ると考えられるのが、ロボアドに対する格付け、すなわちロボアド格付けだ。ロボアド格付けも一種の金融サービスと言えるのではないか。ロボアドは多くの投資信託を取り扱う。一つの業者が取り扱うすべての投資信託が優れた成果を出すとは限らないが、全体的に見て良好な結果を出している業者と、他の業者に比べて劣った結果を出す業者に分類することができるはずだ。また、投資信託の種類、例えば国内投資信託と海外投資信託によって成果が異なるかもしれない。このように考えると、投資信託の種類別のロボアド格付けもあり得るかもしれない。具体的なイメージは、図表6-2に示した通りである。

図表6-2のような格付けはあくまでもイメージだが、個人投資家がロボアドを選択する際

の一つの指標にはなるのではないか。重要なのは、格付けは変化するという点だ。資産運用を担う業者は劣悪な運用を行えば格付けが下がるということ、下がれば顧客からの信頼を得られないこと、逆に格付けが上がった場合、顧客からの信頼を得られるということ、そのため、常に緊張感を持って受託者責任の精神の下で運用を行うことが肝要になる。

なお、個々の投資信託の利回り（リターン）については『モーニングスター』のホームページ上で、上位20のファンドの利回りランキングが1か月、1年、3年、5年、10年という投資期間ごとに公表されている。個々の投資信託に狙いを定めて投資を行いたいという投資家には、このランキングが一つの指標になるだろう。ただ、このような投資方法はある程度経験を積んだ投資家向きと思われる。

ロボアドの投資対象は投資信託であるため、ロボアド全体の評価を見たい時には、ロボアド格付けが有効になるのではないか。特に投資の初心者にとって、ロボアド格付けは投資のための有効な指標になると思われる。

ポイントを資金化・資産運用する金融サービス

世の中には様々なポイントが存在している。クレジットカードのポイントや、Tポイント、

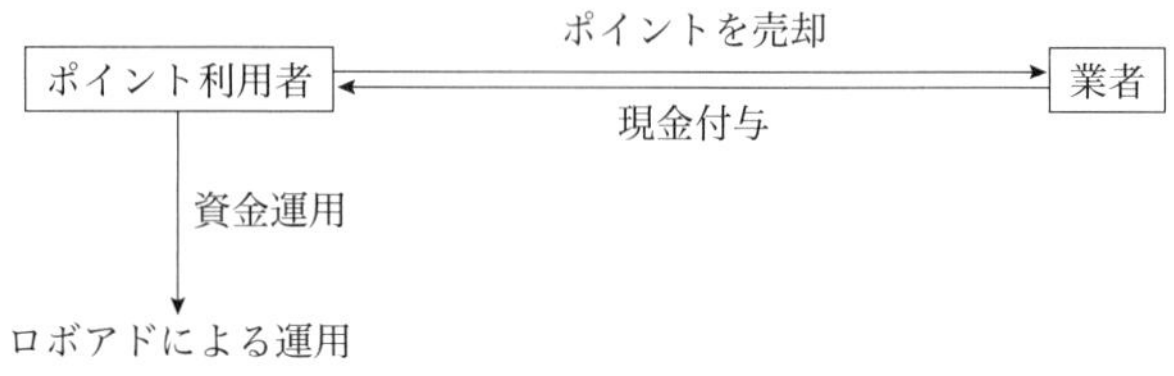

（筆者作成）

図表6-3　ポイント買い取りシステムのイメージ

あるいは楽天ポイントやリクルートのPontaポイントなど、数多くある。ところで、これらのポイントをすべて使い切っている人がどれくらいいるであろうか。実は、多くの人がポイントを使うことなく期限が到来し、無駄にしているケースが多い。

しかし、業者がポイントを有効に生かすことによって、新しい金融サービスの提供につなげることができれば、個人にとっても新しい資金運用の道が開けるかもしれない。

すなわち、ポイントの現金化だ。特にネットビジネスを展開している企業にとって、ポイントを現金化し、例えば自動的にロボアドによる資金運用につなげていくという方法は有効かもしれない。具体的には以下のような手順が考えられる（図表6−3）。

①業者側が、利用者（個人）に対して一定のポイントに達した場合、現金化するかどうか、選択させる。現金化を選択した場合、専用のアプリを提供する。

②現金化を選択し、ある一定の金額に達した場合、ロボアドによ

る資金運用を行うことを義務づける。
③ 業者側は、資金運用専用のアプリにポイントが現金化された金額を送金する。
④ 振り込まれる金額はポイントをある程度割り引いた金額。
⑤ 個人は振り込まれた金額でロボアドによる資金運用を行う。これにより個人は小さな金額から資金運用を経験できる。
⑥ 業者側には信託報酬などの手数料が入る。ただし、できれば手数料は解約時の基準価額が、個人が購入したときの基準価額を上回ったときに、上回った部分について受け取る形にする。

このシステムの一つのカギは、ポイントを買い取る際に割り引いて買い取ることである。例えば、1000ポイントをポイントとして使用する場合、1000円の価値があるとする。ポイントを保有している個人が現金化するときには、3割引の700円になるという形にする。これは、そのまま現金化すると業者側から不満が出るためである。本来は個人が捨てていたポイントをなぜそのまま現金化する必要があるのか、ということになるであろう。いかほどの割引を行うことが適切かは議論が分かれるであろうが、ここでは3割の割引率とした。

個人にとっては、本来は捨てていたポイントが資金化され、資金運用の経験が可能となる。仮に、資金運用で良好な結果が得られなくても、損失を被ったという感覚は少なくなるのではないか。資金運用の結果がゼロになることは極めて稀だ。業者側にとっても、ポイントの付与のみでとどまっていたビジネスを、資金運用という新しいビジネスチャンスにつなげることが可能となる。また、運用能力の一層の向上を図ることによって、手数料収入の増加も可能になる。まさにウィンウィンの関係と言えないだろうか。この金融サービスのカギとなるのは、業者側が提供する投資信託などの商品であり、その商品を選択する判断力だ。

実際に、ポイントを資金運用サービスに結びつけているのがTポイントだ。Tポイントでは1ポイント＝1円として、資産運用が行えるサービスを提供している。Tポイント投資では100ポイント（＝100円）を最低投資金額として、SBI証券の投資信託から利用者が商品を選択できる形となっている。ちなみに、この投資信託の販売手数料はゼロ円である。

3　金利水準の設定

多くの人々は、金利水準は与えられるものとみなし、その水準について特に疑問を抱くことはない。しかし、金利水準についても、与えられるモノ、あるいは銀行が決めるモノという考え方は、見直した方がよいかもしれない。

実際に預金金利の水準を見ると、メガバンクのみならず地方銀行などの各銀行とも驚くべきことにまったく同水準となっている。後述するようにネットバンクなどで相対的に高い金利を提示している銀行はあるが、日本に存在する大部分の銀行がまったく同じ水準の預金金利水準を提示している。この現象を誰もおかしなことと思わないのであろうか。

具体的に預金金利の水準を見ていこう（2021年8月末時点）。

① 普通預金金利：0.001%
② 定期預金金利（預入期間に関わらず）：0.002%

金利は将来の予想金利や予想物価上昇率（期待インフレ率）などの影響を受けるが、銀行の預金金利を見る限り、物価上昇率は将来的にはほぼゼロ、将来的な金利の上昇はないとの見込みで形成されていることがうかがえる。しかし、金融サービスの視点から見ると異なった金利の姿があるのではないだろうか。

預金金利の横並びは合理的か

銀行の預金金利に関するもう一つの見方は、預金金利には信用リスクが反映されて然るべきであるということである。ここでいう信用リスクとは、まさに銀行自身の信用リスクである。

多くの銀行が経営的に厳しい状況に置かれている現在、本来であれば、銀行の信用リスクが預金金利に反映されて当然だ、という見方がある。つまり、信用リスクの危険性が高い銀行は高い金利を設定すべきであるということだ。

しかし、日本の銀行は企業に対しては信用リスクを算定し、そのリスクに対応する形で貸出金利を設定するにもかかわらず、自らの銀行の預金金利は、自らの信用リスクをまったく顧みることなく設定する。それも上述の通り各行ともほとんど横並びで、同じ金利を設定している。預金金利が金融サービスの一環であることを考慮すれば、信用リスクを反映していない金利設定は非合理的であるとも言える。

金利水準の設定に関しては、別の視点から指摘すべきこともある。それは、金利には期間リスクが存在するという点だ。一般的には金利は期間が長ければ長いほど高くなる傾向がある。それは貸出金利でも預金金利でも同様である。

貸出金利については、期間が長くなれば企業の経営にかかる不安要素などのリスクが増大する。また、リーマンショックのような経済的な大事件が発生すると、企業規模に関わらず経営的なリスクは大きくなる。そのため、貸出期間が長くなるほど金利は高くなる。

この論理を用いると、預金金利も預入期間が長いほど、高くなることになる。預金者は銀行を信用して預金を預け入れるが、期間が長くなるほど銀行の経営リスクは増大するため、銀行の経営リスクに対する金利の上乗せ部分が必要になる。従って、預入期間が長くなると金利は高くなるはずだ。しかし、現実の銀行の預金金利は超低水準で横並び状態だ。

預金金利の横並び現象について、預金者からはまったく反発は発生していないように見える。

図表 6–4　ネット銀行の預金金利

（単位：％）

銀行名	普通預金金利	定期預金金利
イオン銀行	0.01～0.10	0.01
ソニー銀行	0.001	0.01～0.02
オリックス銀行	0.01	0.1～0.23
ローソン銀行	0.001～0.15	0.03
セブン銀行	0.001	0.01

（注）定期預金金利は大口定期預金か否か，並びに預入期間によって異なる．

（出所）各銀行ホームページ（2021 年 10 月 15 日水準）より抜粋

しかし、実態は反発がないのではなく、提示された金利をただ受け入れているだけと思われる。預金者は金利水準は与えられるもの、提示されるものと認識している。その結果、銀行は企業に対する貸出金利では期間に対応した金利を提示するが、預金者に対しては期間に対応した金利を提示する意識がまったくないのだ。この点にも、銀行の金融サービスに対する意識の欠如が表れていると言えないだろうか。

ただ、すべての銀行の預金金利がまったく同水準であるわけではない。例えば、ネット銀行の預金金利は図表6–4で示した水準となっている。

メガバンクや多くの地方銀行と異なり、ネット銀行の金利水準は銀行により異なっており、かつ期間によっても差がある。ネット銀行はメガバンクや地方銀行と異なり、土地の上に支店などの店舗展開をしているわけではないため、人件費や土地代などのコストが安く済むという面もあるだろう。それでも、定期預金金利などは銀行により水準が異なっており、かつメガバンクや地方銀行と比較すると、金利水準が高く設定されている。メガバンクや地方銀行は金利水準で暗黙のカルテルを結んでいるのではないかと邪推してしまうほどだ。このような視点に立てば、ネット銀行の金利水準の設定は、公平に考えて、金利の理屈に則った水準であり、メガバンクや地方銀行は預金者を蔑ろにしていると言われても、抗弁できないはずだ。

社会貢献型預金

現状では預金金利水準が極めて低いため、相対的に高い金利を設定することには抵抗を覚える銀行も多いだろう。低金利状態がいつまで継続するかは分からないが、金利が低水準から脱却したときに備えて一つの案として社会貢献型預金を提案したい。

社会貢献型預金とは、社会貢献を行うことを前提とした上で、通常の金利より高い金利の預金を設定することである。具体例として、以下のような案を提示したい。

①通常の定期預金金利よりも、例えば0・1%高い預金金利を提示する。これを仮に「社会貢献プレミアム金利」と呼称しよう。なお、可能ならば利息にかかる税率を通常(20・315%)よりも低く設定する方が望ましい。

②プレミアム部分は、社会貢献のための資金として、例えばクラウドファンディングのための資金として提供することについて、予め預金者から確約をとる。

③預金の満期が到来すると、プレミアム部分に該当する利息をクラウドファンディングに投資してもらう。その場合、できれば寄付型か株式型が望ましい。これは、返済を求めない資金提供の方が事業家の負担が少ないためである。

④銀行は予め、クラウドファンディング業者と提携し、預金者が複数の案件を選択できるように準備しておく。

⑤業者はクラウドファンディングの案件を予め精査し、詐欺的な案件ではないことを確認する。

社会貢献型預金という名称には意味がある。この預金を用いてクラウドファンディングで起業家に資金提供を行うことで、企業を育成する可能性が生まれる。企業が成長すれば、雇用や所得が生まれ、地域や地方を活性化することが可能になるかもしれない。地方に定住する人が

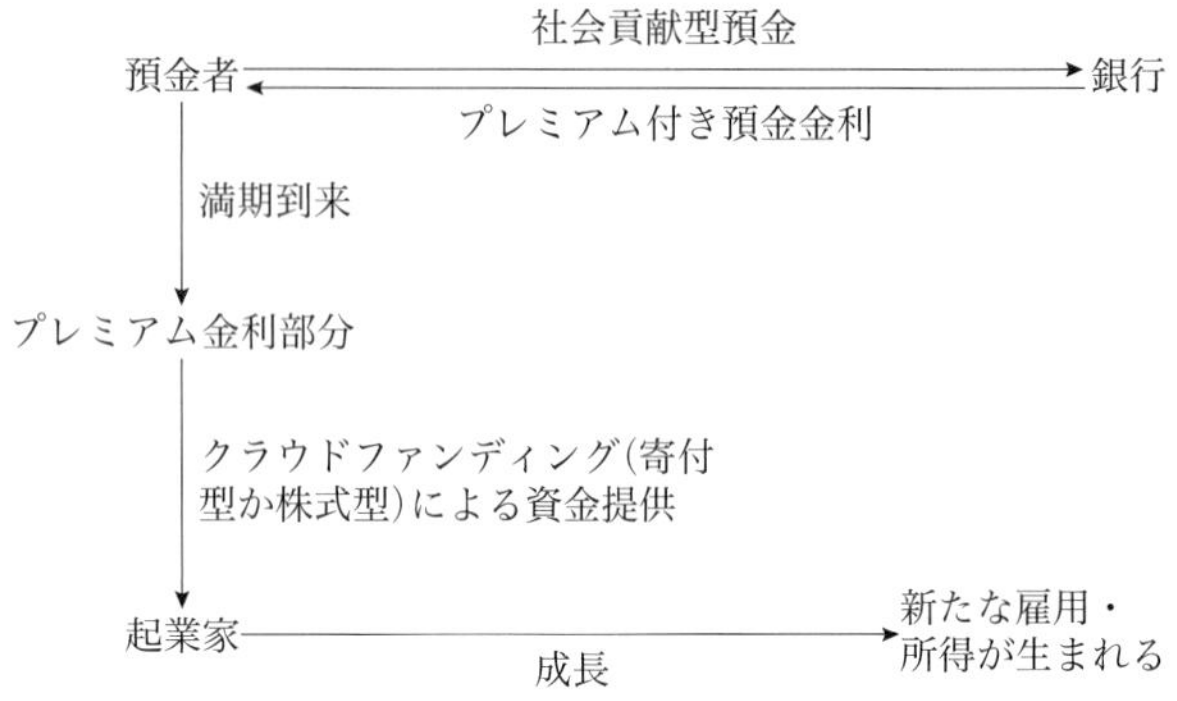

（筆者作成）

図表 6–5　社会貢献型預金のイメージ図

増えるかもしれない（図表6−5）。

この仕組みの重要な点は、銀行も預金者もクラウドファンディングによってビジネスを企画する企業を資金面から応援できることである。すべての企業がビジネスにおいて成功するわけではないが、企業を育てることに銀行も預金者も貢献する仕組みになっている。特に数十万円から数百万円ほどの比較的少額の資金を必要としているビジネスに対して、この仕組みはかなり有効になるのではないか。

金融機関は少額の資金であっても、起業家に対しては厳しい見方をする傾向が強い。特に少額で始めることのできるビジネスであっても、なかなか資金を提供してくれないことが多い。また、年齢が若い人ほど資金調達に苦労する傾向が強い。

この仕組みを利用することによって少額のビジネス

に対する資金提供の道が開けるのではないか。例えば、鯛焼きやたこ焼きなどの店や地元の特産品を料理として提供するレストラン、キッチンカーなどのビジネスにも使えるかもしれない。チャンスを与えることによって地方や都会の小さなビジネスを応援する仕組みだ。これまでクラウドファンディングに興味を持たなかった人が興味を示すかもしれない。

この仕組みはベンチャーを育成するために、銀行と預金者が同時に貢献している点に特徴がある。また、銀行が直接ベンチャー企業に融資するには極めて壁が高いが、社会貢献型預金を通じてであれば、銀行にとっては少ない負担で、預金者にとってはベンチャーが成功した場合にはリターンが得られる可能性もあるという点で、両者にとってプラスの側面がある。一考の価値があると思われる。

第7章

企業向け金融サービスの未来

銀行にとってもっとも基本的な業務である融資にも新たな波が生まれている。その中心には、おそらくAIが存在する。しかし、AIは万能ではない。融資に当たって、銀行はどのような姿勢で臨むべきであろうか。

銀行が解決すべきもう一つの問題は、融資後の企業に対するサポート態勢だ。資金を融資すればよいという時代は、もう終わりを告げている。一方で、銀行も緩やかではあるが変化の動きが見られる。企業との相互協力を通じて、共存共栄の取り組みを行う銀行も徐々に現れ始めている。

地方の中小企業については、地方の人口減少や過疎化の影響を受ける形で衰退の道を辿るところが少なくない。地方の銀行もこの点は理解しているようではあるが、対処法については模索状態にあると言ってよい。企業支援の理想的な形を金融支援サービスという側面から探ってみたい。

１　ＡＩを用いた企業融資

ＡＩ融資に対する取り組み

ＡＩを利用する融資に取り組んでいる金融機関は多い。企業に関する様々なビッグデータ等の蓄積が進んだこともあって、ＡＩによる企業融資に積極的な姿勢がうかがえる。この背景には、かつてのクレジット・スコアリング・モデル（ＣＳＭ）での失敗が教訓になっていると思われる。

既述のように、ＣＳＭは企業の財務諸表などのデータから中小企業の信用力を判断していたが、企業の信用力を判断する道具としては不十分であったということであろう。現在では、損益計算書や貸借対照表などの財務諸表のみならず、ＳＮＳ上に現れた企業の評判や評価、オンラインを通じた現実の取引情報なども、企業の信用力を判断する情報として追加されている。つまり、企業に関するより多くの情報を取り込むことによって、企業の信用力を判断する材料が豊富になったことがＡＩ融資の可能性を後押ししていると言える。

まずは、ＡＩ融資の具体的な試みを見てみよう。

【住信SBIネット銀行】

２０２０年10月から連携関係にある金融機関から入手した企業の入出金データを分析し、ＡＩ審査モデルを作成、これにより融資額を決定するトランザクション・レンディング（日々の取引情報をもとに融資条件を設定する取引）の利用を計画している。このシステムを用いて、法人向け融資の自動化に取り組むとしており、地方銀行からも高い注目が寄せられている。

【freee】

クラウド会計を提供するＩＴ企業のfreeeは、２０１９年６月よりＡＩを利用し、３か月先までの資金繰りを予測する「資金繰り改善ナビ」というサービスの提供を開始した。このサービスは企業に対して提供されるものだが、活用されるのは日々の入出金データだ。利用する企業は３か月先までの資金繰り状況が予測可能となる。

さらにfreeeは、自らと提携している金融機関にこの情報を提供すると同時に、アルゴリズム（コンピュータによる計算方法）を用いてオファー型融資（金額や期間、金利などの融資条件）をＡＩが提案、融資を希望する企業を提携金融機関に情報として提供するという仕組みを採っている。この仕組みは金融機関にもメリットがあるが、金利何％で、借入可能額などの条件を知ることができるということ、資金提供まで短期間（最初は１週間程度、２回目以降は最短３日程度）で済むということで、企業にとってもメリットがある。

この融資方法では、個人企業や中小企業の営業活動を資金面から把握可能としており、特に小口融資のニーズに応えることが可能となっている。現在ネット銀行を中心にして受け入れられているが、今後は、小口融資などをあまり得意としていない地方銀行にも広がる可能性が高いようだ。

［ココペリ］

中小企業向けの経営支援プラットフォームを提供しているココペリは、企業の財務データ（月次、年次）や口座情報に着目してＡＩによる企業評価モデルに取り組んでいる。月次データを取り込むことで財務状況の変化が激しい中小企業の資金ニーズを把握し、金融機関にもそのデータを提供することで、企業の資金ニーズに対応することを可能ならしめようとしている。

このモデルはＡＩ与信モデル「ＦＡＩ《ファイ》」(Financial analytics AI の略）と言われており、横浜銀行や東京大学などが産学連携でコンソーシアムを結成、月次の財務データ、統計学、ＡＩを用いて審査モデルを構築し、即日もしくは翌日に企業融資が可能なシステムを作ることを目的としている。

ＦＡＩは企業の信用リスク評価を行う「企業評価モデル」と、企業の資金需要を予測する

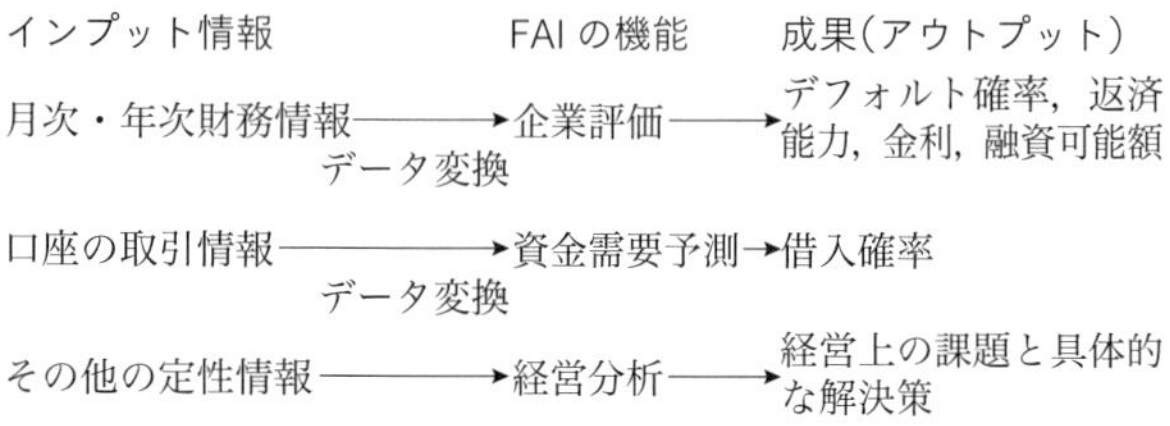

(出所) ココペリホームページ(https://www.kokopelli-inc.com/fai)を元に作成

図表7-1　FAIの仕組み

「資金需要予測モデル」の二つのアルゴリズムに分かれている。ココペリによれば、ＦＡＩを導入することにより中小企業の信用力評価制度を飛躍的に改善すること、並びに業務の効率化を図ることが可能になるとしている。個人企業や中小企業等への小口案件は、審査などに関して時間と労力がかかる割には収益がなかなか得られないなどの問題点を抱えていたが、ＦＡＩによってこの問題の解決が図られるかもしれない。以上をまとめたものが図表7―1である。

図表7―1に示したように、企業評価モデルはデフォルト(債務不履行)確率や返済能力、融資可能額や金利などを計算、資金需要モデルでは企業が借入を申し出る確率を計算する。経営分析では、経営上の課題とその解決策を提示するとしている。ＦＡＩのこのような機能に対しては地域金融機関から強い期待が寄せられており、引き合いも強いようだ。

ＡＩ融資の課題

ＡＩ融資には融資業務の効率化、資金ニーズの発掘、さらには新規取引企業の発掘等のメリットが挙げられるが、ＡＩがデータとして取り込めるものは、すべて過去のデータであるという点に大きな課題がある。従って、実際にＡＩ融資を実行し、その結果が予測されたものと一致するかどうかという検証を繰り返し行う必要がある。常に新しいデータを取り込んで、ＡＩが導き出す結論が、結果的に正しいものであったかどうかを検証することが必要だ。

ＡＩの課題はそれだけではない。例えば、ＡＩはリーマンショックのような予測不能なショックには対応できない可能性が高い。リーマンショックはサブプライムローン――信用力が劣る人向けの住宅ローン――のデフォルトを主たる原因としているが、サブプライムローン残高がどの程度の水準に達するとショックが発生するのかを予測するのは容易なことではないからだ。さらに、このようなショックがデフォルト確率や融資可能額、金利などにどのような影響を与えるかも未知数であろう。

ＡＩ融資には、上記以外にも以下のような課題が指摘できる。

①　融資を実行する際の企業に対する貸出条件などに関する説明と根拠の開示
②　融資実行後の企業に対する監視機能

③　経営が悪化した企業に対する改善点の提案

④　ＡＩ融資だけに融資判断を委ねることの是非

企業に対する説明義務という視点から考えると、結果的に提示された貸出条件（企業から見れば借入条件）の内容について説明する義務が金融機関には生じるが、この点に関しては企業に理解されるような形で的確に行う必要がある。結論だけでなく、ＡＩ融資の判断の内容についての説明が求められる。

根本的な問題点として、ＡＩ融資だけで企業向け融資を実行できるのか、という課題に突き当たる。この点に関しては後述するが、基本的な考え方として人の判断を融資決定の材料から外すことはできない。企業経営を行っているのは人間であり、企業の生死のカギを握っているのは経営者という人間だからである。ただし、そのためには金融機関が個人企業や中小企業向けの融資や経営のプロを育成する必要があることを予め指摘しておきたい。

金融機関における融資のプロの存在を前提にした場合、将来的には、人間とＡＩの共同作業という形で融資が行われると推測される。

２　企業融資への新たな取り組み

多種多様なデータが必要

ＡＩ融資を進めていく上で重要な視点は、金融機関にとっても企業にとってもＡＩ融資が有益なものでなければならないという点だ。以下では、ＡＩ融資の対象になるであろうと予想されるベンチャー企業～中小企業向けの融資に絞り、将来的にどのような形で融資が展開されるか、考察してみよう。

中小企業向け融資の手法として、既述のようにＣＳＭがあった。しかし、この手法は既存の中堅以上の企業にはある程度当てはまったようだが、中小企業やベンチャー企業のような部類の企業にはあまり適応度が高くなかった。

現在、銀行のみならず様々な企業がＡＩを利用した融資システムの構築を試みている。この流れの延長線上には、どのような融資形態が姿を現すのであろうか。ＡＩによって、すべての融資の可否が判断されるのであろうか。そこに人間の判断が入る余地はないのだろうか。考えられるシナリオは以下のようなものだ。

企業は生き物であり、経営者も人間という生き物である。ＡＩで融資の可否が判断できるほど単純なものではない。しかし、少なくとも人間が行う判断のかなりの部分をサポートしてくれるであろう。例えば、判断の基準をＡＩと人間の二つの指標で考えてみよう（図表７−２参照）。

図表7–2　融資判断マトリクス

		人間の判断	
		可	否
AIの判断	可	○	△
	否	△	×

（筆者作成）

ＡＩと人間の判断を可否という二つの単純化された判断結果でまとめると、図表７−２のような融資判断マトリクスで表せる。ＡＩも人間も「可」という判断を下した場合、融資は実行という形になる。逆にＡＩも人間も「否」という結果を下した場合、融資は実行しないという判断が下される。

問題は、両者の判断結果が「可」と「否」に分かれた場合である。この場合、ＡＩに過度に依存するのは危険であろう。企業融資というのは極めて人間臭い判断が求められる。しかし、考え方を変えれば、融資をするにせよ、しないにせよ、このような経験もまたビッグデータとなって、ＡＩの判断機能が高度化していくと予測される。融資判断にＡＩを用いる場合、何度も何度も経験を積み重ねることで、ＡＩの学習能力を高めていくことにつながるはずだ。

例えば、経営者に対する判断材料としては様々な判断データが考えられる。経営者が文科系か理科系かなどの単純なデータのみならず、経営者が持つ様々な属性――男性か女性か、ベンチャー起業の経験の有無、数学的思考ができるか否か、即断即決型か沈思黙考型か、など――も重要な定性データとなるはずだ。

企業が提供するモノやサービスの社会に対する貢献属性も判断材料として重要になる。例えば、国連が提唱した持続可能な開発目標（ＳＤＧｓ）にどのように貢献できるのかなど、企業の社会的責任に関する定性データ（数値に表せない情報）も重要な位置を占める。いずれにせよ、多面的な視点から企業評価を行い、融資の可否の判断を行うことになる。従来のような単純な償還能力だけで融資の可否を決定することは少なくなるのではないか。

〝企業を見る目〟とは

ＡＩの学習能力が高まってくると、融資を行う銀行にとっては新たな展開が可能となる。それは、銀行が簡単に地域の枠を超えられるということだ。どういうことか。

日本の市中銀行は、メガバンクと地方銀行、信用金庫などに分かれている。メガバンクは全国展開をしているが、地方銀行や信用金庫は営業区域が限定されているといってよい。しかし、

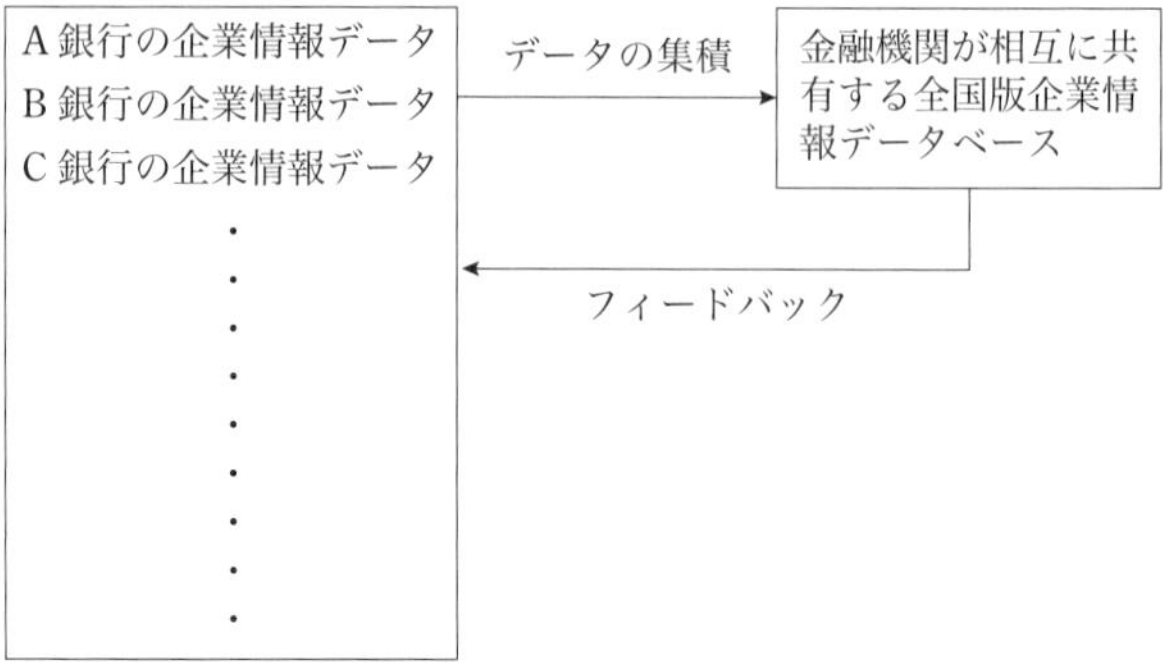

（筆者作成）

図表 7-3　企業情報データベースの全国化のイメージ
（金融機関共有のケース）

ＡＩの信頼度が高まってくると、地方や地域の壁を乗り越えることが可能となる。そのカギとなる一つのフローチャートを提示したい（図表７－３）。

ＡＩ融資は金融機関から企業の財務データや入出金データを提供してもらい、定性データを織り込んで融資の可否を判断する。この企業情報データベースをすべて集積し（融資の可否の部分は除く）、全国版の企業情報データベースを構築、企業情報を提供してくれた銀行にフィードバック、情報として提供し、共有するという仕組みだ。データを共有した銀行は自らのシステムであるＡＩ融資の仕組みを用いて、融資の可否を判断するという構造である。荒唐無稽な話と思われるかもしれないが、可能性としてまったくないことではないだろう。

企業情報データベースとＡＩがあれば、極端な例

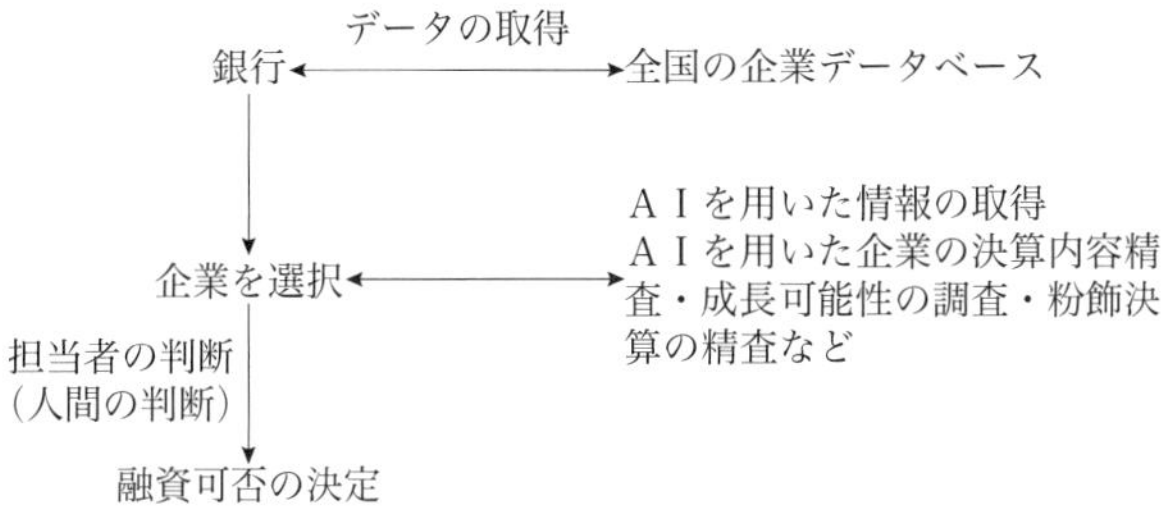

（筆者作成）

図表7-4　銀行が全国の企業に融資可能な仕組み

を挙げると、九州の地方銀行が北海道のベンチャー企業に融資を行うことすら可能になる。その逆も可、つまり北海道の銀行が九州の企業に融資することも可能になる。企業にとってみれば、資金を提供してくれる銀行はどこでもよいはずだ（図表7－4参照）。

一般的には、銀行は融資対象である企業の身近にいて、その企業の動向を精査するなり、経営動向に神経を集中する必要がある。しかし、ＡＩが進化すれば、銀行が常に企業の近くに存在する必要性すらなくなるかもしれない。ただし、現実的には企業が存在する都道府県に所在する地方銀行が融資を行う可能性が高いだろう。銀行と企業が1対1で話し合うことが極めて重要だからである。この点を考慮すると、その企業が存在する都道府県の近隣の地方銀行にも融資を行う可能性が生まれるかもしれない。

全国の企業のデータベースさえあれば、様々な企業の中からＡＩを用いて有望な企業を探し出し、その企業の決算内容によって成長可能性を精査、粉飾決算の可能性の有無をチェックするためのＡＩなども進化していくであろう。

企業にとっても、銀行がこのような融資業務の展開を行った場合、メリットは大きいのではないか。ＡＩが進化することによって、資金提供の対象銀行が格段に増える可能性が高まる。メガバンクであろうが、地方銀行であろうが、信用金庫であろうが、成長のための資金が提供されればよい。また、合併や統合によって銀行の数が減少する状況にあって、中小企業への資金提供の機会が増える可能性が生まれるという点にも意味がある。

その際、大きなカギとなるのがＡＩの質と中小企業融資の専門家の育成であろう。銀行が用いるＡＩは銀行によって質と機能が異なるはずだ。ＡＩは学習を重ねることによって判断能力を高めていく。その際、当然習熟度の違いにより、ＡＩにも判断能力の差が出てくるはずだ。つまり、ＡＩ同士が競争状態にさらされることになる。

一方で、専門家の育成には人材と時間が必要だ。いわゆる〝融資のプロ〟の育成には長年の経験と直感――アニマルスピリット的な感覚――と企業が取り扱う業務（製品内容や技術、サービスなど）に精通することが必要になる。これが本当に難しい。銀行は合併や統合を進めているが、その過程で、果たして〝融資のプロ〟を育成するだけの時間的余裕があるだろうか。しかし、育成しないと、銀行はジリ貧になる可能性が高い。

これに加えて、銀行以外の業界からも融資分野への参入が増えるはずだ。このような将来的な動きを洞察すると、企業情報データベースの成功のカギは以下の2点に集約される。

① ビッグデータをいかに収集するか。

② 銀行や信用金庫など金融機関の職員が個人としての融資判断能力をいかに磨き上げるか。

ＡＩがいかに進化しようとも、人間の研ぎ澄まされた経験と能力は必須になる。融資の判断をＡＩのみに全面的に依存するのは無理があるだろう。それゆえ、「融資のプロ」あるいは「企業を見る目のプロ」を育成することが喫緊の課題だ。金融機関も融資業務に参入しようとするＩＴ系企業も、その点を組織に刻み込んでいく必要がある。

3　融資条件に関わる金融サービス

担保・保証からの脱却は可能か

金融機関は融資を行うに際して、担保や保証を取ったり、信用保証協会の保証を付けたりすることによって自らの債権の保全を図ってきた。しかし、このような債権保全手法によって金融機関は大きな落とし穴にはまったようだ。それは企業を見る目を養う力が育たなかったことだ。

金融機関にとって債権保全は最重要課題だ。自らの債権が不良債権化し損失になることは絶対避けなければならないと考えている。だからこそ、債権保全のために十分な担保を設定し、担保が足りない時には信用保証協会の保証をとるなどしてきた。しかし、信用保証協会に保証料を払うのは企業だ。企業にとっては担保の設定も、信用保証協会の保証もコスト増の要因であることに変わりはない。これは、金融機関が債権保全という目的のために企業にコストの負担を求めた形だ。これに対して〝企業を見る目〟を育てるためには、金融機関が人材育成という形で自らコストを負担する必要がある。

短期的にみれば、債権の保全は自らの利益を守ることにつながる。金融機関内部の稟議も通りやすい。しかし、それは組織の将来という視点から見れば、大きな間違いを犯していると言える。

企業を見る目を養う力はなぜ必要か。それは、企業の生き残りこそが銀行の将来を支えるからだ。もちろん、企業にも自然淘汰はあるだろう。しかし、生き残るべき企業と退出すべき企業の見極めを行うことこそが銀行に求められる能力だろう。しかし、現実には生き残るべき企業を見殺しにしたりすることが頻繁に行われてきた。もし、企業を救出し、その企業が成長したならば、その企業こそが銀行の成長を支える礎になるはずだ。

　また、ベンチャー企業に対する融資においても企業を見る目が問われる。企業を見る目とは、単にその企業が成長するかどうかを見極めるのみならず、その企業がどのようにすれば成長するか、すなわち企業を成長させるために金融機関としてできることはどのようなことか、と考える力のことだ。金融機関は企業に対して資金を提供したら終わり、ではなく、資金を提供したあと、どのようなサポート態勢を構築するかが重要だ。

　従来の金融機関には「企業を育てる視点」が果たしてあったであろうか。担保や保証をとることは、企業を見る目の育成を遮っていたと言える。そろそろ、担保主義や保証主義から脱却すべきではないか。少なくとも、１年未満の短期融資については、担保や保証を求めることはなるべく避けるべきであろう。

　図表７－１に示したように、ＡＩ融資によってデフォルト確率や返済可能額などの数値を計算することが精緻化されるだろう。完全に予測することは難しいが、ＡＩの学習機能が高度化し、より研ぎ澄まされたＡＩ融資が可能になれば、担保や保証などを求めることは徐々に少なくなっていくのではないだろうか。それは、企業にとってもコスト負担の軽減化につながって

いく。

貸出金利の見直し

金融サービスという視点から次に検討するのは、貸出金利についてである。一般的に企業向け貸出金利は以下のような式で決定される。

貸出金利＝市場調達金利（市場金利）＋リスク・プレミアム（貸出スプレッド）

金融機関の貸出金利にはもっとも信用力の高い企業に対して適用される最優遇貸出金利という概念があり、貸出期間1年以内の貸出に適用される金利が短期プライムレート、貸出期間1年超に適用される金利が長期プライムレートと呼ばれている。ここでは長期貸出金利、特に5年以上の貸出に対して適用される金利について考察してみたい。

一般的に長期貸出の場合、金利が固定化されているケースが多い。変動金利貸出はあるものの、企業は選択を避けることが多い。固定金利の場合、市場金利がどのように変動しようと金利は変わらない。

そこで、「貸出スプレッド」の部分に注目する。これは銀行にとって利ザヤと呼ばれ、利益に該当する部分だ。貸出スプレッドは企業の信用力によって決定される。企業の信用力が高ければ貸出スプレッドは低く、信用力が低ければ貸出スプレッドは高くなる。企業側から指摘されるのは、企業の信用力が上昇しても、貸出スプレッドが低下しない傾向が強いという点だ。

企業が成長して、利益や規模が拡大すると、これまで取引のなかった金融機関が当該企業に対して低金利を提示して、企業と取引を開始する例がよく見られる。企業側からすれば、より低い金利で資金調達が可能になるのであれば、低金利を提示した金融機関と取引を行うのは当然ということになる。ところが取引先を奪われた金融機関からすると、新たに取引を始めた金融機関は侵入者ということになる。

こういった例は銀行間の競争原理が働いている証左だとする意見もあり、そのような意見について納得できる部分もある。問題として指摘したい点は、金融機関の貸出金利に対する考え方である。金融機関は、企業が成長し、信用力が向上しても、信用力の数値的表現である貸出スプレッドをなかなか変更しようとしない。その結果、他の金融機関からの低金利攻勢で貸出先を奪われることが多い。

そこで提案したいのは、金融機関が5年以上の長期融資を実行する場合、企業側が同意したときのみ、金利見直し条項を入れることだ。具体的には、以下の通りである。

①　例えば、3年ごとに金利を見直す条項を入れる。
②　3年経過前に企業信用力の評価の見直しを行う。
③　評価が上がった場合には、貸出スプレッドを低下させる。逆に評価が下がった場合には貸出スプレッドを高くする。

なお、政府系金融機関である日本政策金融公庫は5年超の貸出を行っており、「5年経過ごと金利見直し制度」がある。その内容はホームページにて以下の通り掲載されている。

最終期限までご契約時に定められた固定金利を適用する方法、ご契約時から5年経過ごとに金利を見直す方法のいずれかを、お客様は選択できます。（ご契約時に選択された方法は、以後、変更できません。金利の見直しは、金利が上昇した場合も行います）

金利見直し条項では、企業側に以下のようなメリット・デメリットが考えられる。

［メリット］

a　企業信用力が変化しない場合でも、市場調達金利が低下すると金融機関の貸出金利（企業から見ると借入金利）は低下する。

b　企業信用力が上昇した場合、市場調達金利が上昇しても、スプレッドの低下により貸出金利が低下するケースがある。

c　企業信用力が低下した場合でも、市場調達金利の低下により貸出金利が低下するケースがある。

［デメリット］

d　企業信用力が変化しない場合でも、市場調達金利が上昇することによって貸出金利が上昇する。

e　企業信用力が上昇しても、市場調達金利の上昇により貸出金利が上昇するかもしれない。

f　企業信用力が低下すると、市場調達金利が変化しない場合でも、貸出金利は上昇する。

金利見直し条項導入の重要な点は、選択の可否を企業側に委ねている点だ。例えば、市場金利が今後低下するとの予想をした場合、自らの信用力が変化しないとの前提に立てば、金利見直し条項を入れればよい。あるいは、今後市場金利が変化しないとの予想を立てたうえで、自らの企業が今後成長し、信用力が高まると判断した場合でも金利見直し条項を入れればよい。逆に、上記のd～fのようなケースを予想した場合には金利見直し条項を入れなければよい。

金利見直し条項という金融サービスの提示は、企業の意識を変える要因にもなるはずだ。企業がこの条項を受け入れるか否かのカギを握るのは、市場金利の将来予想と自らの企業信用力が高まるか否かである。

企業は金融機関が示す貸出金利を所与のものとして捉えてきた。しかし、自らの企業を成長させることができれば、信用力の向上により借入金利を下げることも可能になる道が開ける。ただし、成長できなければ借入金利が上昇するリスクもある。金利見直し条項の存在によって、企業は、金利を自らの成長で決めることができると考えられるようになるはずだ。

金利見直し条項を採用するに当たっては、金融機関の企業信用力に関する説明義務を履行することが肝要である。銀行は内部格付けで企業の信用力を適宜審査している。企業に対して審査内容のフィードバックを行い、審査内容とともに企業の経営上の強みや弱点などについても説明する必要があるだろう。

もし金融機関がこのような対応を行ったのであれば、企業の対応も変わってくるはずだ。信用力が向上した結果、金融機関の貸出金利――企業から見ると借入金利――が低下するのであれば、企業のモチベーションも変わってくるはずだ。業績が向上することにより金利負担が低下するだけではない。金融機関が企業に対する説明義務の履行――それは企業を知ることにもつながる――に一生懸命に取り組むならば、企業側も自らの経営状況や経営に関わる様々な問題点（生産効率の問題や製品技術の向上、さらには製品販売の問題点など）について、金融機関に意見を求めるはずだ。この行動が金融機関と企業の相互理解を深める。企業経営が悪化した場合でも、金融機関が迅速に経営再建に手を差し伸べることもあり得るだろう。

金利見直し条項は、金融機関に対しても、企業に対しても取引関係の大きな変化をもたらす可能性を秘めている。

4　中小企業にとって必要な金融サービス

企業アンケートが示唆すること

メガバンクでも地方銀行でも、金融機関の取引先に占める中小企業の割合は圧倒的に大きい。銀行にとって中小企業は重要な取引先であることは言うまでもない。中小企業には取引金融機関に対して様々な要望や希望するサービスがある。金融庁が２０１９年11月８日に発表した「企業アンケート調査の結果」によれば、以下のようなサービスの提供を希望している（図表7－5）。

アンケート結果から、中小企業が求めている主なサービスは「取引先・販売先の紹介」「財

図表7–5　中小企業が提案を受けたいサービス

（上位3項目：％）

企業区分	希望するサービス		
	取引先・販売先の紹介	財務内容の改善支援	人材育成・従業員福祉
正常先上位	49	18	25
正常先下位	42	28	21
要注意先以下	38	40	14

（注1）対象企業数：7,677社，正常先上位：1,535社，正常先下位：4,431社，要注意先以下：1,708社

（注2）表中の数字は債権区分上「正常先上位」企業の49％が「取引先・販売先の紹介」を希望していることを表している．

（出所）金融庁「企業アンケート調査の結果」(2019年11月8日)

務内容の改善支援」であることが分かる。この点を踏まえて、以下のような視点を提示したい。

金融機関と企業の間には相互理解が必要不可欠だ。銀行も単に決算の数字を見て、売上が伸びているか、利益が出ているかを確認するだけでは、金融機関としての本来の役割を果たしたとは言えない。特に中小企業の立場に立てば、以下のような三つの課題が指摘できる。

① 自社の製品、技術、販売経路や販売方法、経費管理、資金繰りなどの経営上の課題について現状でよいのか、改善点はないのか。

② 改善点があるとすれば、どの分野のどのような点を改善すればよいのか。

③ 改善するための手段や突破口はあるのか。

これらの課題の中で金融機関に相談できる対象

は、経費管理や資金繰りなどであろう。金融機関によっては、企業の様々な課題に対して深く関与しないところもあるかもしれない。融資するまでが金融機関の業務範囲で、後は企業の経営上の問題であり、金融機関は関わらないというところも少なからずあったようだ。

金融機関が企業経営にどこまで関与すべきか、あるいは、企業が経営に関してどこまで金融機関に相談すべきか、については様々な意見がある。しかし、企業や金融機関の存在が、単に一つの企業体として存在するのではなく、地域社会の中での存在であることを考慮すれば、金融機関が企業に対してどのような金融サービスを提供できるか、あるいは企業は金融機関から提供され得るサービスとしてどのようなことを望んでいるか、については明確に意思表示する必要がある。

金融庁の「企業アンケート調査の結果」は、まさに企業の要望が明示されたものだが、上記の課題を解決するためにカギを握るのが企業情報を集積したデータだと思われる。

企業情報ネットワークの構築

金融機関には様々な取引先企業のデータベースが存在する。データベースには過去の貸借対照表や損益計算書等の財務データだけではなく、企業が生産する製品名や製品の特徴、さらには製品の技術水準や取引先、企業経営者の略歴、従業員の規模など、様々なデータが保存されている。しかし、金融機関はこれらのデータを、過去のデータとしてのみ扱ってきたのではないだろうか。

企業データベースは、その企業の過去を知るためだけのものではないはずだ。金融機関には様々な取引先が存在するが、これらの企業を有機的に結びつけることを行ってきたであろうか。

ここで中小の製造業を例として取り上げてみたい。中小製造業には経営上の様々な課題や問題点が発生する。具体的には、以下のような問題だ。

① コスト削減に関する改善点――機械化や省力化など
② 新しい製品を作るための製造機械や装置など生産体制の構築方法
③ 新製品を販売するための広告・宣伝並びに販路の開拓

このような問題を解決するために、企業データベースを集積化した企業情報ネットワークを作るべきではないか。ここで企業情報ネットワークの概念について説明したい。

金融機関は多くの取引先の情報を保有している。しかし、取引先ではない企業の情報はあまり充実したものではないのが一般的だ。

例えば、コスト削減や生産の効率化、新製品生産のための生産体制構築に当たって、大企業であれば、自社で対応する、あるいは自社のグループ企業で対応することが可能であろう。あるいは大企業同士の結びつきを利用して、他の企業に依頼するなども可能であろう。しかし、中小企業では独自に解決策を見出すことが難しいケースがある。そのようなときに他の企業の協力が得られれば、経営上の大きな支援になる。

金融機関の取引先が生産効率や生産設備、あるいは販路の拡大などの課題を抱えているならば、その課題を解決する技術を持っている可能性のある企業を紹介することも金融サービスの一つである。仮に、そのような技術を持った企業が金融機関の取引先に見当たらない場合には、他の銀行の取引先や地方公共団体などに当たってみることも必要ではないか。そうなると、企業情報は一つの金融機関だけでは十分とは言えないかもしれない。

そこで考えられるのが以下のような企業情報ネットワークの構築である。地方には様々な金融機関がある。また地方公共団体の中にも企業情報を司る部署――例えば企業部など――が存在する。これらの主体が、それぞれの持つ企業情報を集めて相互に情報を融通するネットワークを形成するという方法だ（図表7−6参照）。この企業情報ネットワークのメリットは、他の金融機関と取引している企業や、金融機関と取引関係のない企業の情報をも知ることができるという点だ。

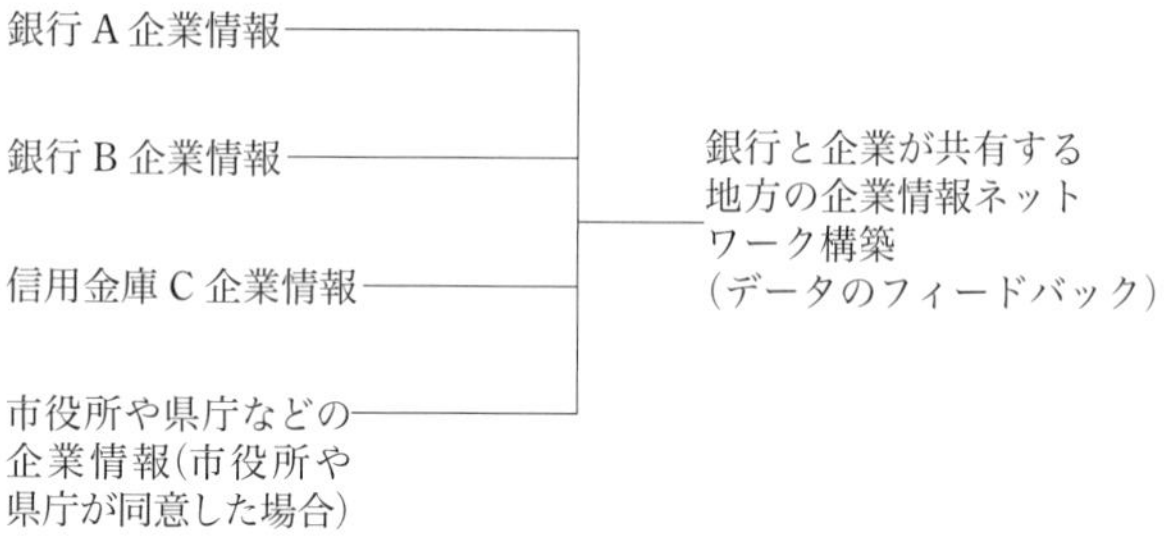

(筆者作成)

図表7-6　企業情報ネットワークのイメージ図

このようなことが果たして可能なのか。金融機関にとってみれば、自らの取引先企業の情報を知られるのは、情報の漏洩になると見る向きもあるかもしれない。ならば、財務情報や損益計算書などの情報は省いても何の問題もない。重要なことは、それぞれの企業、特に中小企業がどのようなサービスや技術を持ち、どのような製品を作り、販売しているかということだ。また、地方には地方独自で地方の企業のためのマーケティングを行っている企業も存在する。その情報さえあれば、ある企業が技術的な隘路に陥った場合、それを突破してくれるかもしれない第三者の企業を探す可能性が生まれる。もちろん、大企業の方が技術的な面で中小企業の問題に対応可能かもしれない。しかし、中小企業の技術の底上げという面でも、技術的な問題に対応できる、あるいは真摯に対応してくれる中小企業を探した方が、その地方の活性化という意味でも適切なのではないか。

企業情報ネットワークに入力するデータは、数値情報だけではないだろう。それぞれの中小企業がどのような技術や得意分野を持っているか、つまり技術の内容が重要となる。

愛知県に株式会社樹研工業という企業が存在する。愛知県経済産業局のホームページを見ると、企業概要に以下のように書かれている。

軽薄短小並びに極小技術を最大限に活用したプラスチック部品作りをしている企業。不良ゼロで100万分の1グラムの歯車やナノ切削加工品を製造しています。また、先着順採用も有名で、社長はあいち技能マイスター「人づくりの匠」に認定されています。

ちなみに、株式会社樹研工業の資本金は7900万円、従業員は101名である（2021年4月末時点）。

株式会社樹研工業はあくまでも一つの例であるが、日本には高度な専門技術や専門のサービス力を持った中小企業が数多く存在する。このような企業の専門技術をデータベース化し、さらに企業情報ネットワークとして構築することで、生産技術上の解決や販路の拡大など、中小企業の様々な経営課題の解決に役立つ可能性がある。

もう1点指摘したいのは、経営課題を解決する技術やサービスを持った企業を検索する際の手段としてＡＩを使うことだ。どのような技術上の問題を抱えているかを問いかけた場合に、その解答をＡＩに委ねる方法がある。多くの中小企業から、問題解決に貢献しそうな複数の企業をＡＩに探してもらうのだ。

企業情報ネットワークの構築は、まず都道府県単位で進めた方がより速く達成することが可能だろう。ただし、問題がないわけではない。技術的な隘路を打開するために、都道府県単位だけでは探すべき技術や能力を持った中小企業が見つからないかもしれない。これは、金融機関や地方公共団体並びに企業の同意が必要にはなるが、同意さえ得られれば、他の都道府県に範囲を拡大してもよいかもしれない。

例えば、青森県から秋田県、さらには岩手県というように、より多くの県を巻き込み、企業情報ネットワークの裾野を広げていく形だ。対象となる中小製造業の範囲や数も増加し、様々な問題に適応可能な企業も増える可能性が高まる。

企業情報ネットワークの相互利用の地域拡大は、地方活性化にも繋がっていくと考えられる。何より専門技術を求める企業と専門技術を提供する企業の、双方にとって有益な成果が期待できる上に、中小企業同士の企業活動の範囲の拡大や成長可能性が高まることに注目すべきであろう。

このような金融サービスは、金融機関にとっても以下のような理由から有意義な成果が得られるはずだ。

①経営上の課題の解決に意欲を持つ中小企業は、当然ながら、資金が必要となり、その資金を提供できる可能性が金融機関に生まれる。

②経営上の課題を解決する技術や能力を持った可能性のある中小企業には、開発資金が必要となるかもしれない。その資金を提供できる可能性が金融機関には生まれる。

③企業の育成・成長を通じて新たな地域の雇用・所得が生まれ、地域社会の発展に貢献できる可能性が高まる。

しかし、問題がないわけではない。企業情報ネットワークを誰が構築するのか、ネットワークのメンテナンス、すなわち情報の更新などがスムーズに行われるのか、など様々な問題が浮かび上がる。それでも、金融サービスの一つとして一考の価値があるのではないか。

5　ベンチャー企業を支援する金融サービス

日本にとってベンチャー企業の育成は、喫緊の課題であることは疑いがない。以前より声高にベンチャー企業育成の必要性が叫ばれていながら、軌道に乗ることはなかったと言ってよいだろう。そこで、金融サービスの視点から、ベンチャー企業を支える方法について考察したい。

ベンチャー企業のスタート時における経営上の課題は、以下の通りである。

①　資金調達
②　作ったモノやサービスをいかに販売するか
③　経営関連の法律や財務問題への対処方法

これらの課題に対して、図表7―7のような包括的なプランが考えられる。このプランの詳細については後述するが、ベンチャー企業にとって最初にして最大の課題は資金調達だ。

クラウドファンディングを用いた資金調達

一般的に、金融機関はベンチャー企業融資に対しては消極的である。その理由として、担保

資金調達	クラウドファンディングの紹介
↓ モノやサービスの販売	マーケティング戦略等を取り扱う専門業者の紹介
↓ 経営上の課題	法律や経理・財務問題のサポート

（筆者作成）

図表7-7　ベンチャー企業サポートプラン

がないなどの問題が挙げられる。金融庁は企業の事業内容や将来性・成長可能性などを適切に評価（事業性評価）し、必要な解決策を提案するよう指導しているが、ベンチャー企業には事業実績がなく、事業性評価が難しいという面がある。その結果、ベンチャー企業が最初に突き当たる壁が資金調達になる。

　資金調達という課題に対して注目を浴びているのが、金融機関がクラウドファンディング（以下、ＣＦと略）業者を紹介するという取り組みである。実際、地方銀行でベンチャー企業をＣＦ業者に紹介する実例が存在する。

　ベンチャー企業支援態勢としてＣＦ業者であるMakuakeは銀行との提携を進めている。Makuakeは、地方には技術力のある企業があるものの、その技術を生かした製品は埋もれた状態にあるとして、これらの企業を活性化するため地方の金融機関のみならずメガバンクとの提携も行っている。最初に提携を結んだのは２０１５年の城北信用金庫だったが、２０２１年８月時点では提携金融機関は１００社を超えている。

　同社が行っているのは購入型のCFである。購入型の場合、ベンチャー企業が作った製品や商品、サービスを、資金を提供した投資家が購入することになる。従って、リスクを取るのは投資家だ。ちなみに、Makuake は調達資金の15％を手数料として受け取る。リスクを負うことはない。カギを握るのは、ベンチャー企業が提供する製品力になる。製品力があればベンチャー企業の資金調達がスムーズになる。

　金融機関からすれば、事業実績がなく事業性評価の難しいベンチャー企業に対して、一般の個人投資家が資金提供という問題に判断を下してくれることになる。ちなみに、CFを用いた手法で事業が軌道に乗ったベンチャー企業の数はすでに100社を超えているようだ。

　このような実績もあって、地方銀行や信用金庫のみならずメガバンクも Makuake と提携関係を結ぶに至っている。実際のCFの進め方は、概ね以下のような手順である。
① 金融機関が企業を Makuake に紹介する。
② Makuake は企業の技術や製品などを審査・確認し、CFの対象としての適否を判断、適切と認められれば、案件として取り上げる。
③ 指定した期日までに投資家の投資金額が企業の希望調達額に達した場合、事業が遂行され

る。
事業が遂行されるとベンチャー企業の事業実績が徐々に積み上げられる。しかし、金融機関の中には事業実績をみる前に、ＣＦの結果を見て融資を行うところもあったようだ。これはＣＦが銀行融資を導き出したとも言えるが、金融機関のベンチャー企業融資に関する力量が足りないことを表したものとの見方もできる。

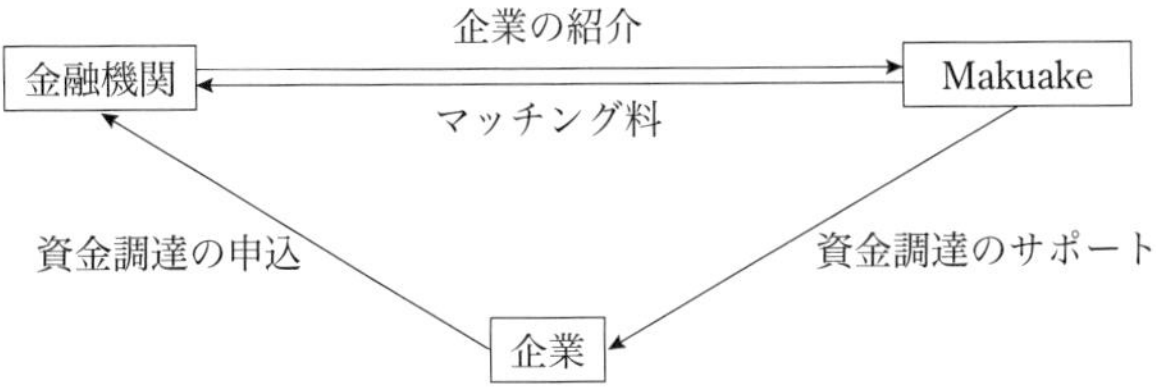

図表7-8　クラウドファンディングを利用した資金調達の仕組み

なお、Makuake はベンチャー企業が希望資金調達額に達した場合、調達金額の２％程度をマッチング料（紹介手数料）として金融機関に支払う（図表7-8）。金融機関はベンチャー企業と Makuake をつなぐ役割を果たし、その報酬としてマッチング料を受け取っている。

購入型ＣＦのみならず株式投資型ＣＦと提携する銀行も現れている。

２０２１年６月、群馬銀行は株式投資型のＣＦ「FUNDINNO《ファンディーノ》」との提携を発表している。FUNDINNO は株式会社日本クラウドキャピタルが運営している株式投資型ＣＦである。投資の対象となる企業は株式の公開（ＩＰＯ）を目指す企業などとしている。

FUNDINNOは一口10万円程度から投資が可能であり、募集に当たっては同社が対象企業に対して厳しい審査を行うとしている。投資の対象は普通株式や新株予約権としており、投資先の企業からは定期的にＩＲ情報（投資家向け情報）などが投資家に送られてくるとしている。なお、同社は投資家に対しても投資適格性などの審査を行うとしている。これは適合性原則を踏まえたものと考えられる。

ベンチャー企業支援ネットワーク

ＣＦを利用することでベンチャー企業にとっては資金調達の大きな道が開かれたことは確かである。しかし、ベンチャー企業には残された様々な課題がある。作った製品の販路の拡大、業務に関わる法律や経理、財務管理、生産技術のさらなる向上などである。これらの課題に対しても金融機関が十分な対応を行う必要があるだろう。

上記のような課題に対する金融サービスとして、以下のような仕組みが考えられる。図表7-7に示したように、製品やサービスの販路の拡大については取引先の紹介やマーケティング等の手法を用いることが考えられる。法的な問題に関しては弁護士の支援が必要になるであろう。損益計算書や貸借対照表などの経理処理や財務管理、税金などの課題については会計事務所や税理士等の支援が必要になる場合もある。

個々の課題に対して、それぞれの専門家に相談するのが従来の対処法であった。しかし、誰に相談してよいか分からないときもあるかもしれない。このような課題に対してより効率的な方法があるのではないか。例えば、ネット上に企業支援ネットワークのような態勢を作り、ベンチャー企業が抱える課題に対して対応するという形だ。

具体的には、ベンチャー企業が抱えている課題を解決したいときに、まず企業支援ネットワークに接続する。ネットワーク内は相談の内容（技術や法律、経理や財務など）に応じて分野が分かれており、該当分野を指定すると、ＡＩによって分野の専門家や専門の企業が候補として選択され、後はメールなどネット上で連絡を取り、相談内容を伝えるという形だ。当然、秘密は保たれるシステムとなっている。仮に、このシステムを「企業支援ネットワーク」と呼ぶことにしよう。

では、「企業支援ネットワーク」を誰が構築するのか。金融機関ならばネットワークの構築が可能であろう。もう一つの案として、ＣＦ業者が金融サービスの一環としてネットワークを

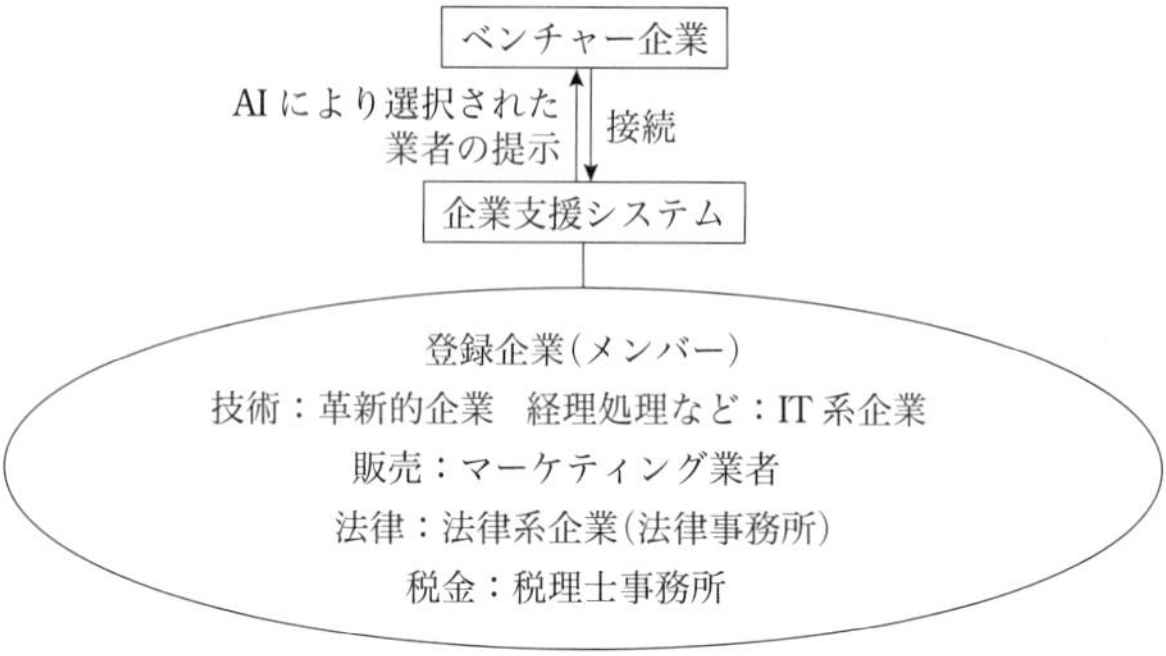

図表7–9　ベンチャー企業相互支援ネットワーク（イメージ図）

構築することも可能だ。ＣＦ業者には様々なベンチャー企業が資金調達の申込を行っているが、その中にはウェブマーケティングを行う企業や法的な問題を専門に取り扱う企業もある。生産技術に革新性を持つ企業もあるかもしれない。つまり、数多くあるベンチャー企業の中にベンチャー企業を支援できるところが存在している。また、企業支援ネットワークの中に中小企業を含めれば、ネットワークのさらなる拡大が可能になる。

このように、ＣＦ業者が中心となって企業支援ネットワークを構築することも可能になるはずだ。ベンチャー企業同士の横のネットワークを作り上げ、相互に支え合う仕組みを築いていくという形だ。その意味では、この仕組みは「ベンチャー企業相互支援ネットワーク」と呼ぶこともできる（図表7–9）。また、このネットワークによってベンチャー企業のさらなる業容拡大を図ることも可能になる。個々の企業という点に横のつながりをもたせ、社会全体でベンチャー企業を支援する。このネットワークは日本全体でベンチャー企業、さらには中小企業をも支援する仕組みである。

おわりに

1976年1月、当時のヤマト運輸（現ヤマトホールディングス）が宅急便の取り扱いを始めたとき、同社社長の小倉昌男氏は「サービスが先、利益は後」と自らのビジネスに対する基本的姿勢を述べました（『日本経済新聞』2002年1月「私の履歴書」より）。小倉氏は宅急便サービスを始めるに当たり、預かった荷物を必ず翌日に配達し、顧客からの信頼を得ることがもっとも重要だと考えました。同社は小倉氏の言葉通り翌日配達を旨とし、セールスドライバーと呼ばれる従業員の方々が実行したのです。この積み重ねが同社への信頼を築き、宅急便は社会におけるサービスとして定着していきました。小荷物の宅配というサービスを貫徹することによって、今では多くの方が信頼して荷物を預けています。

信用を築くことはたやすいことではありません。消費者に信頼される商品やサービスを提供し、長い年月をかけて信頼を勝ち取るのです。電化製品は品質保証期間を設け、期間内に故障が起こった場合には無償で修理することが日本では当たり前になっています。信頼を得るための積み重ねを実行した企業が、結果として社会からの信用を得たと言えるでしょう。

金融サービスについてはどうでしょうか。消費者が望まないような投資信託や保険商品を無理矢理販売し、消費者が結果として大きな損失を被った場合、消費者の自己責任のみを強調して、販売した金融機関に責任はないと主張する姿勢を数多く見てきました。

筆者はかつて、金融商品の販売にかかる裁判において被害者側の立場に立ち、意見書の提出などを通じて関わったことがあります。金融機関は自分たちが裁判の過程で不利な状況になると和解を持ちかけて来るケースが多いのです。判決が出た場合、金融機関の金融商品販売にかかる負のイメージが出ること、ひいては金融機関自体に対して負のイメージを持たれることが予想されるため、それを回避したいからではないかと、ある弁護士の方から言われたことがあります。イメージが大切なのであれば、無理矢理金融商品を販売しなくてもよいのではないかと思います。また、イメージを壊したくないならば、消費者の満足感が高められるような金融サービスを提供すればよいと思います。

スーパーマーケットに行くと、消費者の意見を書くアンケート用紙が備えられています。これには、消費者の意見を聞いて、今後のビジネスの改善等に生かそうとする意図があります。突拍子もない意見かもしれませんが、金融機関も消費者の要望を聞くためのアンケート用紙を備えたらいかがでしょうか。窓口が混んでいるときなどは待ち時間が長くなるわけですから、その時間を利用して消費者の金融機関に対する要望などを聞くのです。消費者の生の声に真摯に耳を傾けることも必要ではないかと思います。それが、金融サービスの質を高めるための第一歩だと思うのですが……。

金融サービスは〝縁の下の力持ち〟的存在だと思います。縁の上には個人や企業、そして社会が存在します。金融サービスによって、マネーは社会の中で回ります。資金余剰部門から資金不足部門にお金がスムーズに移動すると、企業の成長が期待され、経済成長の好循環が生まれる可能性が高くなります。マネーの流れが経済の好不調を決めると言っても過言ではありません。

しかし、現実には金融機関が窓口で預金者に大量の投資信託や保険商品を販売し、結果として預金者は大きな損失を被ってしまうということが起こってしまいました。損失の発生はもちろん預金者にとって大問題です。金融資産は個々の人々にとって生活のための資産でもあるからです。これをマネーの流れという観点から考えると、異なる視点が生まれます。投資信託や保険商品などに流れたマネーの一部でも、中小企業やベンチャー企業に流れたらどうなっていたであろうか、という視点です。

21世紀に入ってから20年間の日本の平均経済成長率は0・8%です。1%にも達していないのです。ちなみに、アメリカは1・7%、ドイツは1・9%、イギリスは1・1%です。欧米の先進国も決して高くはないのですが、日本はそれらの国に比べても成長率で見劣りがします。低成長の原因のひとつに、中小企業やベンチャー企業などの育成の問題があるのではないかと思われます。

経済成長率が低迷すると、政治の世界では財政政策などを動員して、なんとか総需要を喚起し成長率を引き上げようとします。確かに短期的に成長率を引き上げるためには、財政政策に頼ろうとするのは一つの手段ではあると思います。しかし、より長期的な視点が必要ではないかと思います。特に地方の衰退が大きな問題として叫ばれる中、地方の活性化が日本の活性化につながると考えられるのです。

本文でも述べましたが、地方には優れた技術を有する中小企業が数多く存在します。また、地方の海産物や農産品などを生かして新しいビジネスを起こそうとする多くの方々がおられます。チャレンジ精神溢れる人たちにとって大きな壁になっているのが資金調達です。その資金調達の壁を突破する可能性を秘めているのがクラウドファンディングです。

クラウドファンディングの案件の中には詐欺的なモノも含まれることがあるため、注意を要しますが、最近では案件の事前審査体制が構築され、チェック機能が以前よりは働いているようです。クラウドファンディングの歴史はまだ浅いため、今後、仲介会社の事前審査もより厳密になっていくでしょう。将来的にはＡＩを用いた審査機能が強化されることも考えられます。長い道のりかもしれませんが……。

仮に、クラウドファンディングによってベンチャー企業や中小企業に資金調達の可能性が広がるのであれば、金融機関が資金調達のカギを握っていた時代とは異なった展開が期待されます。もちろん、クラウドファンディングだけで資金調達が満たされるわけではないと思いますが、ビジネス遂行のための資金調達機会が拡大することによって、新たなる成長期待の高まりが生まれるでしょう。

もしかしたら、社会を変えるのは金融機関のマネーではなく、個人のマネーかもしれないのです。個人の小さなマネーが多くの人から集まることによってまとまった大きなマネーとなり、企業の成長に貢献できることが可能になるかもしれないのです。これを〝草の根金融〟と呼ぶならば、究極の金融の姿は〝草の根金融〟かもしれません。ＡＩやフィンテックの進化は、草の根金融をより一層支えるはずです。

草の根金融がベンチャー企業を支え、地方経済を支えることができたならば、地方にとって雇用を生む機会が増える可能性が高まります。雇用が所得を生み、所得が税収の増加を生む。このような好循環が生まれるかもしれないのです。ただし、効果が現れるまでには長い期間が必要となるでしょう。しかし、何もしないよりは遙かによいのです。金融サービスの質を高めることは、時間はかかるかもしれませんが、地方経済、ひいては日本経済を支えることにつながる可能性を引き出すのです。

金融サービスは金融機関だけが提供するわけではありません。金融機関のみならず、ＩＴ系企業などの非金融機関も金融サービスという分野に参入することで競争が生まれ、金融サービスが研ぎ澄まされていくと考えることができます。その結果、個人や企業にとって満足度の高い金融サービスが登場したときこそ、日本の経済社会にとって新たな時代が到来するかもしれません。

＊

本書は様々な方々のご協力によって成り立っています。家族の支えはありがたいものですし、友人、知人の方々にもヒアリングをさせていただき、多様な考えの存在を確認させていただきました。お名前などは割愛させていただきますが、ご協力いただだいた方々に感謝申し上げます。

また、岩波書店新書編集部の上田麻里氏には原稿を丁寧に確認していただき、的確なアドバイスを頂戴いたしました。氏のみずみずしい感性やアドバイスによって本書は完成したと思います。改めて感謝申し上げます。

筆者自身は、金融と金融サービスの行く末をこれからも見つめ続けて行きたいと思っています。〝時代〟と〝風〟の流れの中で、金融サービスが社会の役に立つことを願って……。

２０２１年10月31日　所沢の自宅にて

新保恵志

主要参考文献

柏木亮二『フィンテック』日本経済新聞出版社，2016 年

廉了『銀行激変を読み解く』日本経済新聞出版社，2016 年

新保恵志『金融商品とどうつき合うか』岩波新書，2008 年

浪川攻『銀行員はどう生きるか』講談社現代新書，2018 年

——『証券会社がなくなる日』講談社現代新書，2020 年

——『地銀衰退の真実——未来に選ばれし金融機関』PHP ビジネス新書，2019 年

日本経済新聞社編『地銀波乱』日本経済新聞出版社，2019 年

——『AI2045』日本経済新聞出版社，2018 年

橋本卓典『捨てられる銀行』講談社現代新書，2016 年

——『捨てられる銀行 2——非産運用』講談社現代新書，2017 年

——『捨てられる銀行 3　未来の金融——「計測できない世界」を読む』講談社現代新書，2019 年

——『捨てられる銀行 4　消えた銀行員——地域金融変革運動体』講談社現代新書，2020 年

吉本佳生・西田宗千佳『暗号が通貨《カネ》になる「ビットコイン」のからくり』講談社，2014 年

Antonella Puca, *Early Stage Valuation: A Fair Value Perspective*, Wiley 2020

Baxter Hines, *Digital Finance: Security Tokens and Unlocking the Real Potential of Blockchain*, Wiley 2020

Carl Jones, Marsha Jones, *How to Succeed at Crowd-Funding!*（English Edition）, Kindle 版 2014

Dileep Rao, *Finance Secrets of Billion-Dollar Entrepreneurs: Venture Finance without Venture Capital*, Mango Media 2020

Matrix Thompson, Sarika Khambaita, *A better Way To Crowd Fund*

Directory: The#1 Source For Finding Public Relations & Promo Opportunities For Driving Crowd Funding Success, Pamper Me Network 2016

Neel Mehta, Aditya Agashe, Parth Detroja, *Blockchain Bubble or Revolution: The Future of Bitcoin, Blockchains, and Cryptocurrencies*, Paravane Ventures 2019

新保恵志

1955年石川県金沢市生まれ.
1978年3月一橋大学経済学部卒業, 同年4月, 日本開発銀行(現日本政策投資銀行)入行. 88年7月住友信託銀行(現三井住友信託銀行)入社, 調査部にて金融市場分析やデリバティブ関連の分析を行う.
2002年4月東海大学教養学部教授. 2021年4月より東海大学政治経済学部特任教授.
専攻—金融論
著書—『企業ファイナンスの新戦略』(共著, 東洋経済新報社, 1987年), 『転換社債・ワラント債入門』(東洋経済新報社, 1992年), 『デリバティブ』(中公新書, 1996年), 『企業財務戦略ビッグバン』(共著, 東洋経済新報社, 1998年), 『金融機関は今何をなすべきか』(半蔵門出版, 2004年), 『金融商品とどうつき合うか』(岩波新書, 2008年), 『金融・投資教育のススメ』(編著, 金融財政事情研究会, 2012年)

金融サービスの未来
——社会的責任を問う　　岩波新書(新赤版)1904

2021年12月17日　第1刷発行

著　者　新保恵志《しんぼけいし》

発行者　坂本政謙

発行所　株式会社 岩波書店
〒101-8002 東京都千代田区一ツ橋2-5-5
案内 03-5210-4000　営業部 03-5210-4111
https://www.iwanami.co.jp/

新書編集部 03-5210-4054
https://www.iwanami.co.jp/sin/

印刷・理想社　カバー・半七印刷　製本・中永製本

ISBN 978-4-00-431904-7　Printed in Japan

岩波新書新赤版一〇〇〇点に際して

ひとつの時代が終わったと言われて久しい。だが、その先にいかなる時代を展望するのか、私たちはその輪郭すら描きえていない。二〇世紀から持ち越した課題の多くは、未だ解決の緒を見つけることのできないままであり、二一世紀が新たに招きよせた問題も少なくない。グローバル資本主義の浸透、憎悪の連鎖、暴力の応酬――世界は混沌として深い不安の只中にある。

現代社会においては変化が常態となり、速さと新しさに絶対的な価値が与えられた。消費社会の深化と情報技術の革命は、種々の境界を無くし、人々の生活やコミュニケーションの様式を根底から変容させてきた。ライフスタイルは多様化し、一面では個人の生き方をそれぞれが選びとる時代が始まっている。同時に、新たな格差が生まれ、様々な次元での亀裂や分断が深まっている。社会や歴史に対する意識が揺らぎ、普遍的な理念に対する根本的な懐疑や、現実を変えることへの無力感がひそかに根を張りつつある。そして生きることに誰もが困難を覚える時代が到来している。

しかし、日常生活のそれぞれの場で、自由と民主主義を獲得し実践することを通じて、私たち自身がそうした閉塞を乗り超え、希望の時代の幕開けを告げてゆくことは不可能ではあるまい。そのために、いま求められていること――それは、個と個の間で開かれた対話を積み重ねながら、人間らしく生きることの条件について一人ひとりが粘り強く思考することではないか。その営みの糧となるものが、教養に外ならないと私たちは考える。歴史とは何か、よく生きるとはいかなることか、世界そして人間はどこへ向かうべきなのか――こうした根源的な問いとの格闘が、文化と知の厚みを作り出し、個人と社会を支える基盤としての教養となった。まさにそのような教養への道案内こそ、岩波新書が創刊以来、追求してきたことである。

岩波新書は、日中戦争下の一九三八年一一月に赤版として創刊された。創刊の辞は、道義の精神に則らない日本の行動を憂慮し、批判的精神と良心的行動の欠如を戒めつつ、現代人の現代的教養を刊行の目的とする、と謳っている。以後、青版、黄版、新赤版と装いを改めながら、合計二五〇〇点余りを世に問うてきた。そして、いままた新赤版が一〇〇〇点を迎えたのを機に、人間の理性と良心への信頼を再確認し、それに裏打ちされた文化を培っていく決意を込めて、新しい装丁のもとに再出発したいと思う。一冊一冊から吹き出す新風が一人でも多くの読者の許に届くこと、そして希望ある時代への想像力を豊かにかき立てることを切に願う。

（二〇〇六年四月）

経　済

日本経済図説〔第五版〕　宮崎勇・本庄真・田谷禎三
好循環のまちづくり！　枝廣淳子
グローバル・タックス　諸富徹
世界経済図説〔第四版〕　宮崎勇・田谷禎三
日本経済30年史　バブルからアベノミクスまで　山家悠紀夫
行動経済学の使い方　大竹文雄
日本のマクロ経済政策　熊倉正修
ゲーム理論入門の入門　鎌田雄一郎
平成経済　衰退の本質　金子勝
幸福の増税論　井手英策
日本の税金〔第3版〕　三木義一
戦争体験と経営者　立石泰則
金融政策に未来はあるか　岩村充
データサイエンス入門　竹村彰通
経済数学入門の入門　田中久稔
地元経済を創りなおす　枝廣淳子

会計学の誕生　渡邉泉
偽りの経済政策　服部茂幸
ミクロ経済学入門の入門　坂井豊貴
経済学のすすめ　佐和隆光
ガルブレイス　伊東光晴
ユーロ危機とギリシャ反乱　田中素香
ポスト資本主義　科学・人間・社会の未来　広井良典
日本の納税者◆　三木義一
タックス・イーター　志賀櫻
コーポレート・ガバナンス◆　花崎正晴
グローバル経済史入門　杉山伸也
アベノミクスの終焉◆　服部茂幸
新・世界経済入門　西川潤
金融政策入門　湯本雅士
日本経済図説〔第四版〕　宮崎勇・本庄真・田谷禎三
新自由主義の帰結　服部茂幸
タックス・ヘイブン　志賀櫻
ＷＴＯ　貿易自由化を超えて　中川淳司

日本財政　転換の指針　井手英策
成熟社会の経済学　小野善康
平成不況の本質　大瀧雅之
原発のコスト　大島堅一
次世代インターネットの経済学　依田高典
ユーロ　危機の中の統一通貨　田中素香
低炭素経済への道　諸富徹・浅岡美恵
「分かち合い」の経済学　神野直彦
グリーン資本主義　佐和隆光
消費税をどうするか　小此木潔
国際金融入門〔新版〕　岩田規久男
ビジネス・インサイト◆　石井淳蔵
金融商品とどうつき合うか　新保恵志
金融ＮＰＯ　藤井良広
地域再生の条件　本間義人
経済データの読み方〔新版〕　鈴木正俊
格差社会　何が問題なのか　橘木俊詔

岩波新書より

政治

「オピニオン」の政治思想史　堤林 剣・堤林 恵
戦後政治史〔第四版〕　石川真澄・山口二郎
尊厳　マイケル・ローゼン　内尾太一・峯陽一訳
デモクラシーの整理法　空井 護
地方の論理　小磯修二
SDGs　南 博・稲場雅紀
暴君　スティーブン・グリーンブラット　河合祥一郎訳
ドキュメント 強権の経済政策　軽部謙介
リベラル・デモクラシーの現在　樋口陽一
民主主義は終わるのか　山口二郎
女性のいない民主主義　前田健太郎
平成の終焉　原 武史
日米安保体制史　吉次公介
官僚たちのアベノミクス　軽部謙介

在日米軍 変貌する日米安保体制　梅林宏道
矢内原忠雄 戦争と知識人の使命　赤江達也
憲法改正とは何だろうか　高見勝利
共生保障〈支え合い〉の戦略　宮本太郎
シルバー・デモクラシー 戦後世代の覚悟と責任　寺島実郎
憲法と政治　青井未帆
18歳からの民主主義◆　岩波新書編集部編
検証 安倍イズム　柿崎明二
右傾化する日本政治　中野晃一
外交ドキュメント 歴史認識◆　服部龍二
日米〈核〉同盟 原爆、核の傘、フクシマ　太田昌克
集団的自衛権と安全保障　豊下楢彦・古関彰一
日本は戦争をするのか　半田 滋
アジア力の世紀　進藤榮一
民族紛争　月村太郎
自治体のエネルギー戦略　大野輝之
政治的思考　杉田 敦

現代日本の政党デモクラシー　中北浩爾
サイバー時代の戦争　谷口長世
現代中国の政治　唐 亮
政権交代とは何だったのか◆　山口二郎
日本の国会　大山礼子
戦後政治史〔第三版〕　石川真澄・山口二郎
〈私〉時代のデモクラシー　宇野重規
大臣〔増補版〕　菅 直人
生活保障 排除しない社会へ　宮本太郎
「戦地」派遣 変わる自衛隊　半田 滋
民族とネイション　塩川伸明
昭和天皇　原 武史
集団的自衛権とは何か　豊下楢彦
沖縄密約　西山太吉
吉田茂　原 彬久
市民の政治学◆　篠原 一
東京都政　佐々木信夫
有事法制批判　憲法再生フォーラム編

法律

少年法入門　廣瀬健二
倒産法入門　伊藤眞
国際人権入門　申惠丰
AIの時代と法　小塚荘一郎
労働法入門〔新版〕　水町勇一郎
アメリカ人のみた日本の死刑　デイビッド・T・ジョンソン　笹倉香奈訳
虚偽自白を読み解く　浜田寿美男
親権と子ども　榊原富士子　池田清貴
裁判の非情と人情　原田國男
独占禁止法〔新版〕　村上政博
密着　最高裁のしごと　川名壮志
「法の支配」とは何か　行政法入門　大浜啓吉
会社法入門〔新版〕　神田秀樹
憲法への招待〔新版〕　渋谷秀樹
比較のなかの改憲論　辻村みよ子
大災害と法　津久井進
変革期の地方自治法　兼子仁
原発訴訟　海渡雄一
民法改正を考える◆　大村敦志
労働法入門◆　水町勇一郎
人が人を裁くということ　小坂井敏晶
知的財産法入門　小泉直樹
消費者の権利〔新版〕　正田彬
司法官僚　裁判所の権力者たち　新藤宗幸
名誉毀損　山田隆司
刑法入門　山口厚
家族と法　二宮周平
会社法入門◆　神田秀樹
憲法とは何か　長谷部恭男
良心の自由と子どもたち　西原博史
著作権の考え方　岡本薫
法とは何か〔新版〕　渡辺洋三
日本の憲法〔第三版〕　長谷川正安
憲法と天皇制　横田耕一
自由と国家　樋口陽一
憲法第九条　小林直樹
日本人の法意識　川島武宜
憲法講話◆　宮沢俊義

(2021.10)　◆は品切，電子書籍版あり．(B)

社会

岩波新書より

鳥獣害 動物たちと、どう向きあうか　祖田　修
科学者と戦争　池内　了
新しい幸福論　橘木俊詔
ブラックバイト 学生が危ない　今野晴貴
原発プロパガンダ　本間　龍
ルポ 母子避難　吉田千亜
日本にとって沖縄とは何か　新崎盛暉
日本病 長期衰退のダイナミクス　金子　勝／児玉龍彦
雇用身分社会　森岡孝二
生命保険とのつき合い方　出口治明
ルポ にっぽんのごみ　杉本裕明
鈴木さんにも分かるネットの未来　川上量生
地域に希望あり　大江正章
世論調査とは何だろうか　岩本　裕
フォト・ストーリー 沖縄の70年　石川文洋
ルポ 保育崩壊　小林美希
多数決を疑う 社会的選択理論とは何か　坂井豊貴

アホウドリを追った日本人　平岡昭利
朝鮮と日本に生きる　金　時鐘
被災弱者　岡田広行
農山村は消滅しない　小田切徳美
復興〈災害〉　塩崎賢明
「働くこと」を問い直す　山崎　憲
原発と大津波 警告を葬った人々　添田孝史
縮小都市の挑戦　矢作　弘
福島原発事故 被災者支援政策の欺瞞　日野行介
日本の年金　駒村康平
食と農でつなぐ 福島から　塩谷弘康／岩崎由美子
過労自殺〔第二版〕　川人　博
金沢を歩く　山出　保
ドキュメント 豪雨災害　稲泉　連
ひとり親家庭　赤石千衣子
女のからだ フェミニズム以後　荻野美穂
〈老いがい〉の時代　天野正子
子どもの貧困 II　阿部　彩

性と法律　角田由紀子
ヘイト・スピーチとは何か　師岡康子
生活保護から考える◆　稲葉　剛
かつお節と日本人　宮内泰介／藤林　泰
家事労働ハラスメント　竹信三恵子
福島原発事故 県民健康管理調査の闇　日野行介
電気料金はなぜ上がるのか　朝日新聞経済部
おとなが育つ条件　柏木惠子
在日外国人〔第三版〕　田中　宏
まち再生の術語集　延藤安弘
震災日録 記憶を記録する　森　まゆみ
原発をつくらせない人びと　山秋　真
社会人の生き方　暉峻淑子
構造災 科学技術社会に潜む危機　松本三和夫
家族という意志　芹沢俊介
ルポ 良心と義務　田中伸尚
飯舘村は負けない　千葉悦子／松野光伸
夢よりも深い覚醒へ　大澤真幸

(2021.10)　◆は品切，電子書籍版あり．　(D2)

岩波新書より

3・11 複合被災◆	外岡秀俊
子どもの声を社会へ	桜井智恵子
就職とは何か	森岡孝二
日本のデザイン	原　研哉
ポジティヴ・アクション	辻村みよ子
脱原子力社会へ	長谷川公一
希望は絶望のど真ん中に	むのたけじ
福島 原発と人びと	広河隆一
アスベスト 広がる被害	大島秀利
原発を終わらせる	石橋克彦編
日本の食糧が危ない	中村靖彦
勲　章 知られざる素顔	栗原俊雄
希望のつくり方	玄田有史
生き方の不平等◆	白波瀬佐和子
同性愛と異性愛	風間　孝 河口和也
贅沢の条件	山田登世子
新しい労働社会	濱口桂一郎
世代間連帯	上野千鶴子 辻元清美
道路をどうするか	五十嵐敬喜 小川明雄

子どもの貧困	阿部　彩
子どもへの性的虐待	森田ゆり
戦争絶滅へ、人間復活へ	むのたけじ 黒岩比佐子 聞き手
テレワーク 「未来型労働」の現実	佐藤彰男
反　貧　困	湯浅　誠
不可能性の時代	大澤真幸
地　域　の　力	大江正章
少子社会日本	山田昌弘
親米と反米	吉見俊哉
「悩み」の正体	香山リカ
変えてゆく勇気◆	上川あや
戦争で死ぬ、ということ	島本慈子
ルポ 改憲潮流	斎藤貴男
社会学入門	見田宗介
冠婚葬祭のひみつ	斎藤美奈子
少年事件に取り組む	藤原正範
悪役レスラーは笑う◆	森　達也
いまどきの「常識」	香山リカ
働きすぎの時代◆	森岡孝二

桜が創った「日本」	佐藤俊樹
生きる意味	上田紀行
ルポ 戦争協力拒否	吉田敏浩
社会起業家◆	斎藤　槙
ウォーター・ビジネス	中村靖彦
逆システム学◆	金子　勝 児玉龍彦
男女共同参画の時代	鹿嶋　敬
当事者主権	中西正司 上野千鶴子
豊かさの条件	暉峻淑子
クジラと日本人	大隅清治
人生案内	落合恵子
若者の法則	香山リカ
自白の心理学	浜田寿美男
原発事故はなぜくりかえすのか	高木仁三郎
日本の近代化遺産	伊東　孝
証言 水俣病	栗原　彬編
日の丸・君が代の戦後史◆	田中伸尚
コンクリートが危ない	小林一輔

岩波新書より

東京国税局査察部	立石勝規
バリアフリーをつくる	光野有次
ドキュメント 屠場	鎌田慧
能力主義と企業社会	熊沢誠
現代社会の理論	見田宗介
原発事故を問う	七沢潔
災害救援	野田正彰
スパイの世界	中薗英助
都市開発を考える	大野輝之 レイコ・ハベ・エバンス
ディズニーランドという聖地	能登路雅子
原発はなぜ危険か	田中三彦
豊かさとは何か	暉峻淑子
農の情景	杉浦明平
異邦人は君ヶ代丸に乗って	金賛汀
読書と社会科学	内田義彦
科学文明に未来はあるか	野坂昭如編著
文化人類学への招待◆	山口昌男
ビルマ敗戦行記	荒木進
プルトニウムの恐怖	高木仁三郎
日本の私鉄	和久田康雄
社会科学における人間	大塚久雄
沖縄ノート	大江健三郎
音から隔てられて	入谷仙介 林瓢介 編
民話	関敬吾
唯物史観と現代〔第二版〕	梅本克己
民話を生む人々	山代巴
死の灰と闘う科学者	三宅泰雄
米軍と農民	阿波根昌鴻
沖縄からの報告	瀬長亀次郎
結婚退職後の私たち	塩沢美代子
暗い谷間の労働運動	大河内一男
ユダヤ人	J-P・サルトル 安堂信也 訳
社会認識の歩み	内田義彦
社会科学の方法	大塚久雄
自動車の社会的費用◆	宇沢弘文
上海	殿木圭一
現代支那論	尾崎秀実

(2021. 10)　◆は品切，電子書籍版あり．(D4)

現代世界

ネルソン・マンデラ　堀内隆行
日韓関係史　木宮正史
文在寅時代の韓国　文京洙
アメリカ大統領選　久保文明・金成隆一
イスラームからヨーロッパをみる　内藤正典
アメリカの制裁外交　杉田弘毅
ルポ トランプ王国２　金成隆一
2100年の世界地図 アフラシアの時代　峯陽一
フォト・ドキュメンタリー 朝鮮に渡った「日本人妻」　林典子
サイバーセキュリティ　谷脇康彦
トランプのアメリカに住む　吉見俊哉
ライシテから読む現代フランス　伊達聖伸
ベルルスコーニの時代　村上信一郎
イスラーム主義　末近浩太
ルポ 不法移民 アメリカ国境を越えた男たち　田中研之輔
習近平の中国 百年の夢と現実　林望
日中漂流　毛里和子
中国のフロンティア　川島真
シリア情勢　青山弘之
ルポ トランプ王国　金成隆一
ルポ 難民追跡 バルカンルートを行く　坂口裕彦
アメリカ政治の壁　渡辺将人
プーチンとG8の終焉　佐藤親賢
香港 中国と向き合う自由都市　倉田徹・張彧暋
〈文化〉を捉え直す　渡辺靖
イスラーム圏で働く　桜井啓子編
中南海 知られざる中国の中枢　稲垣清
フォト・ドキュメンタリー 人間の尊厳　林典子
㈱貧困大国アメリカ　堤未果
女たちの韓流　山下英愛
新・現代アフリカ入門　勝俣誠
中国の市民社会　李妍焱
勝てないアメリカ　大治朋子
ブラジル 跳躍の軌跡　堀坂浩太郎
非アメリカを生きる　室謙二
ネット大国中国　遠藤誉
ジプシーを訪ねて　関口義人
中国エネルギー事情　郭四志
アメリカン・デモクラシーの逆説　渡辺靖
ユーラシア胎動　堀江則雄
オバマ演説集　三浦俊章編訳
ルポ 貧困大国アメリカII　堤未果
オバマは何を変えるか　砂田一郎
平和構築　東大作
ネイティブ・アメリカン　鎌田遵
アフリカ・レポート　松本仁一
ヴェトナム新時代　坪井善明
イラクは食べる　酒井啓子
ルポ 貧困大国アメリカ　堤未果
エビと日本人II　村井吉敬
北朝鮮は、いま　北朝鮮研究学会編・石坂浩一監訳

岩波新書より

福祉・医療

新型コロナと向き合う	横倉義武
〈弱さ〉を〈強み〉に	天畠大輔
がんと外科医	阪本良弘
医の希望	齋藤英彦編
〈いのち〉とがん 患者となって考えたこと	坂井律子
ルポ 看護の質	小林美希
健康長寿のための医学	井村裕夫
和漢診療学 あたらしい漢方	寺澤捷年
在宅介護	結城康博
医と人間	井村裕夫編
医療の選択	桐野高明
納得の老後 日欧在宅ケア探訪	村上紀美子
移植医療	橳島次郎 出河雅彦
医学的根拠とは何か	津田敏秀
転倒予防	武藤芳照
看護の力	川嶋みどり
心の病 回復への道	野中猛
重い障害を生きるということ	髙谷清
肝臓病	渡辺純夫
感染症と文明	山本太郎
ルポ 認知症ケア最前線	佐藤幹夫
医の未来	矢﨑義雄編
パンデミックとたたかう◆	押谷仁 瀬名秀明
介護 現場からの検証	結城康博
腎臓病の話	椎貝達夫
がん緩和ケア最前線	坂井かをり
新型インフルエンザ 世界がふるえる日◆	山本太郎
児童虐待	川﨑二三彦
生老病死を支える	方波見康雄
医療の値段	結城康博
ぼけの予防◆	須貝佑一
認知症とは何か	小澤勲
障害者とスポーツ	高橋明
放射線と健康	舘野之男
定常型社会 新しい「豊かさ」の構想	広井良典
健康ブームを問う	飯島裕一編著
血管の病気	田辺達三
医の現在	高久史麿編
日本の社会保障	広井良典
高齢者医療と福祉	岡本祐三
看護 ベッドサイドの光景	増田れい子
医療の倫理	星野一正
腸は考える	藤田恒夫
光に向って咲け	粟津キヨ
リハビリテーション	砂原茂一
指と耳で読む	本間一夫
文明と病気 上・下	H・E・シゲリスト 松藤元訳
自分たちで生命を守った村	菊地武雄